Agnes Miegel um 1922/23 –
als sie die ersten »Spaziergänge einer Ostpreußin«
konzipierte (Archiv Agnes-Miegel-Haus)

AGNES MIEGEL

Spaziergänge einer Ostpreußin

FEUILLETONS

AUS DEN ZWANZIGER JAHREN

Herausgegeben von
Anni Piorreck

EUGEN DIEDERICHS VERLAG

CIP-Kurztitelaufnahme der Deutschen Bibliothek
Miegel, Agnes:
Spaziergänge einer Ostpreußin:
Feuilletons aus d. 20er Jahren
Agnes Miegel. Hrsg. von Anni Piorreck.
1. Aufl. – Köln: Diederichs, 1985.
ISBN 3-424-00867-2

Erste Auflage

Satz: Lichtsatz Heinrich Fanslau, Düsseldorf
Druck und Bindung: E. Rieder, Schrobenhausen
ISBN 3-424-00867-2

INHALT

VORWORT

Sie hatte kein Vermögen, keinen Beruf, kein Einkommen. Sie hatte nur drei Bücher mit Versen aufzuweisen. Agnes Miegel stand in den schweren Jahren nach dem Ersten Weltkrieg vor dem Nichts.

Da erhält sie 1920, einundvierzig Jahre alt, durch Vermittlung von Freunden einen Arbeitsplatz bei der »Ostpreußischen Zeitung«. Die Redaktion hat ihren Sitz in Königsberg in der Tragheimer Pulverstraße. »Die Ostpreußische« ist neben der »Königsberger Allgemeinen« und der »Hartungschen« die dritte Tageszeitung der Stadt. Ihre Leser sind in den konservativen und deutsch-nationalen Kreisen der Provinz, vor allem auf den ostpreußischen Gütern, zu suchen.

Diese Zeitungsarbeit ist zunächst sehr ungewohnt, aber Agnes Miegel lernt schnell, die »Berichte vom Tage« frei und schwungvoll zu schreiben, manchmal entsteht dabei noch ein Zwitter zwischen Vers und Prosa. Doch sie wird zunehmend sicherer; Mode, Theater, Kunst- und Bücherwelt und Sozialkritik sind die häufigsten Themen ihrer Feuilletons, bis man der Dichter-Journalistin im April 1923 nach einem besonders gelungenen März-Artikel »Frühlingswanderung« eine neue wöchentliche Rubrik überträgt mit der Überschrift »Spaziergänge einer Ostpreußin«.

Diese Arbeiten werden mit dem Zeichen A. M. oder Ag. Mg. versehen. Sie zeigen keine Spur von hoher Dichtung, es sind frische, unmittelbare Beobachtungen vor allem in und um Königsberg. Doch sie wandert auch durch Gumbinnen, die Beamtenstadt mit der Salzburger Kirche, sie durchstreift Amsterdam und schlendert in der Erinnerung durch das alte ehrwürdige Weimar oder das unvergessene Rom, und durch die Anschauung der Fremde erfährt sie die Heimat aufs neue. Es entstehen mitunter Momentaufnahmen, festgehalten mit einem unerhört sensiblen Apparat aller Sinne, mit einer Vertrautheit auch der flüchtigsten Alltagsdinge und vor allem auch der kräftigen Alltagssprache der Ostpreußen, so daß besonders Königsberg, diese alte, heute so ganz und gar verlorene Stadt, vor uns wiederaufsteht und lebendig wird. Darüber hinaus erleben wir noch einmal die Spannungen jener schwierigen Inflationsjahre, als ein Brot schließlich mehrere Milliarden Mark kostete. Die Vergangenheit bricht plötzlich mächtig in die Gegenwart ein.

Gewiß sind es Fingerübungen, die Feuilletons der Jahre 1923/24, aber hier ist Agnes Miegels früheste Prosa zu entdecken; sie sind zugleich Vorboten jener »Geschichten aus Alt-Preußen« (1926), die sie mit einem Schlag auch als Novellistin von Rang ausweisen.

Daß diese Zeitungsartikel überhaupt wieder ans Tageslicht kommen, ist für alle Agnes-Miegel-Freunde eine Sensation. Die meisten ihrer Beiträge für die »Ostpreußische« – in der Zeit von 1920 bis 1926 sind es insgesamt 284 – gelten seit Kriegsende als verschollen, vielmehr als verschüttet in der zu Stein und Staub zerbombten Königsberger Universitätsbibliothek, in der alle Königsberger Zeitungen aufbewahrt wurden. Dort konnte ich noch wenige Wochen vor den Bombennächten 1944 an Ort und Stelle alle Beiträge Agnes Miegels wenigstens bibliographisch aufnehmen und diese Notizen später im Fluchtgepäck in den Westen bringen. Mit diesem Verzeichnis in der Hand ließen sich ein paar Zeitungsausschnitte im Nachlaß der Dichterin und bei Freunden identifizieren. Viel war es nicht. Erst nach mühevollen Recherchen konnte der Halbjahresband I/1924 mit immerhin elf »Spaziergängen« in der Staatsbibliothek in Ost-Berlin ausfindig gemacht und nach langwierigen Formalitäten auch fotokopiert werden. Sie sollten zusammen mit den Nachlaß-Funden zunächst als Jahresgabe für die Mitglieder der »Agnes-Miegel-Gesellschaft« veröffentlicht werden. Doch die Suche nach den anderen »Spaziergängen« ging weiter, aber in keiner Bibliothek der deutschsprachigen Länder, durch keinerlei Aufruf war an den so wichtigen Jahrgang 1923 der »Ostpreußischen Zeitung« heranzukommen. Erst durch die zähen Verhandlungen des Eugen Diederichs Verlages und die außerordentliche Hilfsbereitschaft polnischer Stellen gelang es in diesem Frühsommer, dank der Bibliotheken im ehemaligen Danzig und Thorn, Mikrofilme der dort archivierten Zeitungsexemplare zu erhalten. Damit sind alle »Spaziergänge« erstmals für die Forschung zugänglich, und die schönsten und aufschlußreichsten werden hier – nach über sechzig Jahren der Vergessenheit – einer breiteren Öffentlichkeit in chronologischer Reihenfolge präsentiert.

Aus Platzgründen sind einige der Feuilletons behutsam gekürzt. Zum besseren Verständnis ostpreußischer Ausdrücke ist ein Glossar beigegeben, und eine Übersicht über alle 44 »Spaziergänge« aus den Jahren 1923/24 beschließt den Band.

Ich danke allen, die beim Zustandekommen dieser Sammlung mitgeholfen haben.

Anni Piorreck

SCHATTEN

Wir sitzen um den runden Tisch unter der Hängelampe, deren Wollpüppchen – ein kohlpechrabenschwarzer Mohr und ein ganz rosa Fräulein – lustig tanzen, von dem Peitschchen meines kleinen Landbesuchs beschwingt. Unter ihnen blüht das erste winzige Frühlingssträußchen in der kleinen Cadiner Vase. Meine Patience »rebbelt« sich zum Erstaunen, der Kleine jauchzt und kichert, seine junge Tante erzählt ihm zum hundertunderstenmal das spannende Märchen von den sieben Meckmeckchen. Wir sind so vergnügt, so behaglich, wie Menschen es bloß sein können – da klingelt es, und die Zeitung kommt. Nach der bewährten Taktik, die nicht nur Wüstenvögel üben, lese ich zuerst die Familiennachrichten und ein paar Anzeigen. Ja, und dann liest man mehr – und Freude und Behagen ist fort, erscheint einem wie ein Unrecht, eine Schuld gegen die Menschen an der Ruhr und im Memelland, die geängstigten Seelen, die gepeinigten, die von Haus und Herd gewiesenen. Ein Schatten, schwarz und schaurig, fällt über unseren Tisch, über den kleinen Strauß, wächst und verdunkelt das behagliche Licht. Bis der kleine Gast dann um sein Recht bettelt und seine drolligen Einfälle den Schatten aus der Stube verjagen. Aber wir fühlen es, er war da, ist nicht mehr fortzulügen, hat uns unerbittlich mit seinen schwarzen Schicksalsaugen über den Tisch hin angesehen.

Schwere Zeiten! Was verstanden wir darunter früher, wenn wir es hörten? Gewiß, jeder von uns kannte schwere Zeit für sich allein, kannte Not und Tod, Sorgen und Krankheit. Aber dieses, die schwere Zeit, die über *allen* liegt (auch über denen, die herrlich und in Freuden leben und scheinbar gar nichts davon sehen und sehen wollen), das kannten wir nicht. Allmächtig und furchtbar ist es über unser Volk gekommen, aber wie alles Übermächtige auch von der Größe, die erhebt. Wir spüren es, täglich, stündlich, daß wir alle einer Mutter Kinder sind. Was einen von uns trifft, trifft alle. Nicht bloß mit der Magenfrage, so wichtig auch sie ist. Vor ein paar Tagen saß ich auch um einen Tisch herum unter einer Hängelampe, und wir lasen, dem jungen Abiturienten zu Ehren, der am nächsten Tage seine erste Fahrt in die Welt antrat, die sorgsam gehüteten Briefe seines Urgroßvaters vor, die er an den studierenden Sohn in der Fremde geschrieben: »Mehr, mein lieber Sohn, kann ich dir dieses Mal nicht schicken. Denn was hier für Zeyten sind, wirst Du ermessen, wenn ich Dir sage, daß die Metze Kartoffeln einen Silbergroschen kostet.« . . .

Eine Metze Kartoffeln zum Silbergroschen! Das erschien den Königsbergern damals vor 70 Jahren als unerhörte Teuerung. Was würden sie sagen, wenn sie unsere Wirtschaftsbücher sehen könnten, die Wolkenkratzersummen hörten, die die Hausfrau da anschreibt, wie würden sie dies Geschlecht und seine bunten Papierscheine anblicken? Ich glaube, sie würden ihre langen gehäkelten Börsen ziehen, langsam die blanken Ringe zurückschieben, lange hineinsehen und uns dann bedächtig einen Kupfergroschen reichen. Damit wir mal erst wieder lernen, mit wirklichem Geld umzugehen. Wir Älteren haben ja mal so was gesehen, wenn es uns auch schon etwas ganz Sagenhaftes geworden ist; aber für die Jungen wäre es doch gut. Irgendwie kann man vor einem Aluminiumplättchen und einem Stapel verschieden großer blanker Papiere keine Ehrfurcht empfinden. So wie wir sie einmal verspürten vor dem ersten Selbstverdienten. Meins waren zwei kleine goldene Zehnmarkstücke, die mir der Geldbriefträger einhändigte, in unserer Laube in der Sommerfrische. Sie lagen da auf der buntgewebten Kaffeedecke, zwischen den Kaffeetassen und dem Brotteller, der freundliche alte Mann, der sie mir gab und mir den Bleistift zum Unterschreiben in die vor Aufregung bebenden Finger drückte, lächelte wichtig und wohlwollend, die Mama goß den Kaffee vorbei, und ich stand da und sah diese beiden kleinen Goldstücke an, für die es soviel, so unendlich viel in der Welt zu kaufen gab, für die man reisen konnte, für die man allen, die einem lieb waren, etwas schenken konnte, durch die ich auf einmal ein wirklicher Erwachsener geworden war – und wußte und fühlte ganz genau, *was* Geld bedeutet.

Heute lag auch wieder Geld vor mir auf dem Kaffeetisch, auf derselben Decke; sogar eine der Tassen war noch dieselbe. (Nur kein Kaffee war da, auch nicht das zierliche Eierkörbchen, auch verschiedenes sonst nicht.) Es war eine ganz, ganz andere Summe als damals, aber der alte Mann, der sie mir diesmal auszahlte, lächelte nicht und ich auch nicht, und meine Finger bebten gar nicht, als ich unterschrieb. Denn ich wußte genauso gut wie der alte Mann – was dies Geld bedeutet.

Ich fragte den kleinen Gast um seine Meinung, was ich ihm »mitbringen« soll. Er hatte die Pferdeleine um den Küchenschemel gewickelt, knallte mit dem Peitschchen und sagte, ohne sich zu besinnen: »Ein Purra!« Ich erklärte, daß das unmöglich ist, und er entschied sich kurz für Bommas! O weiser Knabe, zweiter Daniel! Der Seelentrost einer halben Stunde und Zahnschmerz als Ersatz für dein ostpreußisches Erstgeburtsrecht. Aber sei ruhig, kleiner Bovke. Einmal wird ein Fohlen geworfen werden von einer braven ostpreußischen Stute, das du dir kaufen kannst und das trab, trab einmal vor deinem Wagchen herlaufen wird, wenn du mit einer richtigen großen, bunten Peitsche knallst, wie du über Land fährst. Der Wind wird über die Roggenfelder laufen, daß sie schälen wie Wasser; Birken und Quitschen werden vorbeiziehen am Weg; du wirst dir ein Liedchen pfeifen und nachrechnen, was du alles heut im Kramladen für deine Frau und die Wirtschaft gekauft hast, und was da in dem Zinkwannchen zu deinen Füßen liegt im knatternden braunen Papier. Und wirst rechnen, wieviel du noch nach Hause bringst von dem guten, runden Geld, dem soliden, braven Geld deines Deutschlands, das alle Millionen Nullen vergessen hat wie einen bösen Abendspuk.

SONNABENDMORGEN

Der Pregel flimmert wie Silber. Taubenschwärme blitzen durch den blauen Frühlingshimmel, funkelnde Frische liegt über der alten Stadt. In dem Menschengewimmel, das ihrem Herzen zuströmt, herrscht die Hausfrau vor, abgehetzt, unausgeschlafen, aber schon tatendurstig die Markttasche am Arm. Die Markttasche in allen Abstufungen von der ehemaligen

Musikmappe (»als ich noch im Flügelkleide«) bis zum selbstgefertigten Kreppsch aus buntem Gardinencretonne. Ganz junge Hausfrauchen in bunten kurzen Kleidchen, denen man trotz aller Zeitnot die Austeuerneuheit ansieht, schaukeln ein buntberändertes Holländerkörbchen am Arm, lächeln leise oder trällern gar leichtsinnig vor sich hin, zur Mißbilligung der Älteren, die einen dichten Ring um die große schwarze Tafel mit den Fischpreisen bilden, die hoch aufgerichtet vor dem roten Brückenhäuschen steht.

Ach, wer hätte es unserem braven Dorsch prophezeit, daß er einmal so eine Kostbarkeit würde? Störgefühle hätten ihn beseelt, wäre es ihm gesagt in jenen Jahren, als man ihn höchstens in der Sommerfrische am Strand aß, frischgefangen; und während man ihn vertilgte (zu Schmandsalat), sich vorredete, daß er gar nicht so gut war wie er uns allen schmeckte, weil Lina, unsere uns allen imponierende Köchin, erklärt hatte, so was wäre ihr noch in keiner Stelle zugemutet worden. Ja, nun ist er salonfähig geworden. Die Hausfrauen seufzen, runzeln die Stirn und verteilen sich dann rechts und links auf die Fischbrücke, deren kräftiger Geruch und Schuppenpatina, für mich zu den Reizen der Heimat gehörend, zartbesaiteten Gemütern (die einem Bratzand nicht abgeneigt sind) so zuwider ist.

Die alten Frauchen sitzen immer noch in ihren hohen Holzsesseln vor den Bänken mit den Stintbergen, aber im ganzen ist es gar keine richtige Fischbrücke mehr, es war schon lange halb eine Fleischbänkenbrücke, und wo die Gildefischer standen und die Karpfen klatschend in den Bütten schnellten, liegt heute viereckig, gleichmäßig und sauber geschichtet, wie eine Muster-

pyramide neuzeitlichen Backsteinersatzes die Margarine, stehen nur runde Holzgitter mit Kunstspeisefett; Schmalz, das sonst das Fundament der Margarine bildete, ist spurlos verschwunden. Es scheint, daß das Fett der Staatenschweine vor Aufregung vergast, wenn der Dollar anzieht.
Es ist etwas schwierig, gegen den Strom zu schwimmen, der sich dem Markt zu wälzt. Das Erfreuliche ist in diesem Kleinkampf ums Vorwärtskommen die bei aller Hast ruhige Freundlichkeit der Königsberger Hausfrauen. Auch die müde, blasse Verkäuferin, zu der ich heranspringe, ist freundlich, menschlich. Wie denn meine Erfahrungen mit Ladenfräuleins, bis auf ganz wenige, die Regel bestätigende Ausnahmen, die allerbesten sind. Gerade die älteren von ihnen wissen recht genau, was heute das Herz ihrer Käuferinnen bewegt; und finden wie diese ein freundliches Wort, ein harmloses Späßchen, das den Schrecken über den Preis ertragen hilft. Die Einwickelmädchen sind dafür ja meistens unbeteiligte Ablehnung. Aber wie wären wir, wenn wir in dem Alter, wo auch der Gutgenährte schon immer hungrig ist, wo man in jedem Erwachsenen den Feind wittert, der einem die Freuden vorenthält, die das Leben für die Jungen so verlockend-unbekannt in Vorrat hält – wenn wir da tagaus, tagein in Staub und Dämmerlicht und Getöse fremden Leuten ihre Wäscheknöpfe und Klemmnadeln hätten überreichen müssen? Nein, da ist es besser, Hausfrau zu sein und Paslack für drei zerrissene Paar Strümpfe und einen Allgewaltigen, der das einzige Beefsteak der Woche als den seiner männlichen Überlegenheit zustehenden Tribut mit gnädigem Lächeln hinnimmt.

Abgehetzt und müde, wie sie da herumquirlen, ein paar schon mit gefüllten Taschen wie fleißige Arbeitsbienen auf dem Heimweg, sehen sie doch alle ganz behaglich aus, die guten Hausfrauen, vor denen noch so viel Arbeit steht bis zum Sonntagmorgen.

Nun staut sich ihr Zug; auch der alte Leiermann an der Ecke der Schloßpromenade, der sonst immer Bedachte, wird vergessen. Er selbst hört auf mit seiner Musik (es quäkt klagend wie eine Zwergorgel), denn was kommt da den Schloßberg hinunter, weit ausgebreitet wie ein Fächer? Den Knauf bilden ein Grüner, zur Rechten eine Handelsfrau mit bedecktem Eierkorb, zur Linken eine Hausfrau mit vor Eifer schiefgerücktem Turbanhut. Es ist ganz klar, daß eine heftige Meinungsverschiedenheit zwischen den beiden dieser Morgenpromenade vorangegangen ist. Der Kometenschweif von Hausfrauen, der der kleinen Gruppe folgt, bezeugt es. Aber – und das ist das Erstaunliche – der Schwarm wandelt nur mit leisem Gesumme vorbei. Der junge, hübsche Grüne geht wie ein Kavalier zwischen seinen Damen, die mit ihm gut Schritt halten. Sie sind stumm. Ganz zum Unterschied von den Marktkämpfen meiner Jugendzeit, wo die Fischbrücke gellte, wo die Segel der Kähne bis an die Wimpel erröteten über die Fülle der Anmutigkeiten, die Kriemhild und Brunhild sich da gegenseitig sagten, während der beifallsmurmelnde Chor sie nur mit Mühe und viel Körperkraft davon abhielt, sich gegenseitig an Hut und Mütze zu fahren. Nein, diese beiden Streiterinnen wandeln in dem vielsagenden Schweigen des Kulturmenschen; nur ein ganz leises, ein bißchen triumphierendes Lächeln in dem geröteten Gesicht der Städterin, in dem Winterapfelge-

sicht der Landfrau zeigen an, daß sie (o Eva, Eva) nicht gerade unangenehm berührt sind von der Größe und dem Eindruck ihres Aufmarsches. Und siehe da, auch die andern, die an dem glattgegriffenen Geländer der Schloßwand lehnen, alle die vor dem Teppichgeschäft der andern Seite ihnen nachblicken – diese ganze Corona Hausfrauen lächelt dasselbe leise, ein bißchen triumphierende Lächeln.
Das Getrappel der vielen Füße verhallt unten in der engen Straße, geht unter in dem Brausen der alten Stadt. Neben mir keucht eine Frau bergan mit Eierkorb, mit Brotbeutel, mit Fischnetz und zwei Paketen beladen. Nun lacht sie ein bißchen. Ich muß doch sehn, worüber.
Da kläfft es, blafft, zetert und knurrt. Mitten auf der Höhe des Berges beißen und balgen sich zwei Hunde, wollig vor Jugend, aber kampflustig wie zwei Alte: ein dicker gelber unbestimmbarer Rasse und ein dunkler Spitz. Der Spitz ist an einer Kette, und die Kette hält ein Steppke von höchstens fünf Jahren. Er ist nicht viel höher als der Spitz, er muß unwillkürlich jede Wendung des wütenden Hundes mitmachen – aber sein kleiner fester Rücken stremmt sich nach hinten und mit diesem Rücken deckt er noch seine verkleinerte, dreijährige Wiedergabe, die hinter ihm steht ohne ein Zeichen von Aufregung und Angst, nur Vergnügen und Zutrauen in dem rotbäckigen Gesicht über dem grauen Schal. Der Spitz beißt um sich, reißt sich los, der Gelbe zetert, beißt, bäumt sich. Alle Passanten bleiben wieder stehen, aber keiner, selbst der Besitzer des Gelben, der ihm trillernd (und ganz unbeachtet) vom Bürgersteig pfeift, denkt daran, in diesen Kampf einzugreifen.

Nicht aus Furcht, nicht aus Nachlässigkeit, bewahre. Sondern weil der Fünfjährige, stumm und gefaßt bis auf ein halblautes: »Kreet!« jetzt wieder die kurze Kette seines Spitzes in der festen kleinen Linken hat, dann gewandt die eine seiner Klotzkorken abstreift, und mit dieser festen Waffe kräftig und unparteiisch auf die beiden Hunde losdringt. Und siehe da, sie trennen sich. Der Sieger schlupft mit der grauen Socke wieder in seine Klotzkorke, ergreift den kleinen Bruder, würdigt den beschämten Gelben und die gaffenden Zuschauer keines Blicks, und trabt weiter, in die warme Frühlingssonne hinein, die seinen und den brüderlichen Flachskopf wie Silber glänzen läßt.

Die Frau mit dem Eierkorb, mit dem Fischnetz, mit dem Brotbeutel und den Paketen lächelt im Weiterwandern und sieht den dreien lange nach.

AM ZAUN

O sanfter süßer Hauch!« Ja, heute kann man es wirklich sagen. Ganz plötzlich, nicht über Nacht, sondern mit dem Wind, der nach Südosten umsprang, ist es gekommen. Die Knospen an dem alten Ahornbaum überm Wasser schwellen zusehends, drei Stare, glänzend wie Spielhähne, fliegen um den Nistkasten, schmelzend und lieblich, noch ganz kurz klingt ihr flötender Ruf durch die feuchte Luft, wie die Stimme des Frühlings selbst. Ein fremder, weicher Duft kommt mit dem warmen, stoßweisen Wind. Es ist nicht der Duft von Veilchen und jungem Laub, wie ihn der Frühlingswind in Thüringen und im Weserland bringt, nicht das heiße Föhnbrausen, das über Süddeutschlands blühende Talwiesen streicht, in dem noch ein Hauch von schmelzendem Schnee zu spüren ist. Unser Frühling kommt nicht von den Alpen, nicht über den Ozean, er kommt von Südosten her von den endlosen Steppen, und etwas von ihrem Licht, ihrer Unendlichkeit, von dem rasenden kurzen Überschwang ihrer Blüte kommt mit ihm. Und wir sehn in die Welt, die endlose, von dem flimmernden Frühlingsdunst erfüllte Welt des Ostens, wie wir als Kinder von den Wällen über die besonnten Äcker draußen blickten.

Die Wälle sind gefallen, und Unerfreulichkeit steht an ihrer Stelle und harrt drauf, daß Ordnung wird, wo jetzt das Nichts ist, die Unfruchtbarkeit, zur Unfruchtbarkeit bestimmt, der Bauplatz in seiner ganzen Scheußlichkeit. Nur ein kleiner Schrebergarten predigt eindringlicher, daß wir im Schweiß unsres Angesichts die Erde bebauen sollen. Und man bewundert den Bienenfleiß, die Geduld, die diesen backsteinharten Boden bebaut und ihm Früchte abringt, die Liebe, die noch aus Kistenlatten eine kleine Laube zimmerte, ein Bänkchen mit einem Puppenbeet davor, auf dem zierlich gepflanzt Leberblümchen und Veilchen stehn, die Hoffnung, die das Kirschbäumchen mit den weißlich schimmernden Knospen pflanzte – hier, wo rechts und links, nackt, rot und scheußlich, die massige Wucht der Mietskasernen herankriecht, ihre Vorposten, die Zäune und Baracken, drohend vorschiebt.

Ein bißchen betrübt bin ich, daß ich zu einer Zeit vorübergehe, wo ich nicht die Besitzer sehe. Soviel erzählen diese Gärtchen, daß ich gerne ihre Gesichter sehen möchte. Denn diese haben welche. Im Gegensatz zu den Tausenden, die da vorüberhasten und in dem hellen klaren Frühlingslicht alle der wandelnde Beweis dafür sind, daß unser Volk »sein Gesicht verloren hat« in einer viel tieferen schrecklicheren Bedeutung als es die chinesische Redensart meint. Oder liegt dieser Sinn jenem Ausdruck der uralten Weisen zugrunde? Da gehen sie vorüber, Männer und Frauen; zum größten Teil so elegant gekleidet wie wir es noch nie kannten, in den neuesten Frühlingsmoden, mit den spitzen Schuhen. All ihre Gesichter sind leer, leer, leer. Keine Maske ist so ausdruckslos wie diese Züge, kein Stein so kalt wie diese Augen, kein Tier hat eine Stirn so stumpf wie diese Stirnen. Massenware sie alle in des Begriffs schlimmster Bedeutung, nur noch wie vollkommene Maschinen bewegt von der Heizung ihrer unkomplizierten Instinkte, unhergetrieben von der Gier nach dem, was ihnen als Genuß erscheint. So fern dem lebendigen Odem Gottes wie ein Auto.

So furchtbar ist kein Gespensterzug nachts an der Kirchhofsmauer wie diese Parade der Menschen ohne Seele im Mittagssonnenschein. Aber dann kommt etwas anderes. Eine alte Frau mit einem Bündel unterm Arm und einem Kapotthut – alles ist grünlich fadenscheinig, verwittert wie ihr Gesicht unter dem weißen Scheitel. Zwei vom Alter ausgefahlte Augen blicken geradeaus über einer Nase, deren edle Form die Jahre nur noch besser zeigen, ein zarter, heute noch zarter Mund atmet lächelnd die warme Luft. Gleich hinter ihr kommt ein alter Landmann in einer grauen Joppe, einen neuen Spaten in der einen Hand, den kleinen Enkel an der andern. Ein paar freundliche graue Augen zwischen unzähligen Fältchen, ein Paar ganz genau solcher Augen, blank vor Sonne und Freude in einem Apfelblütengesicht. Und dann ein blutjunger Mensch, den schönen schmalen Kopf auf dem kräftigen Hals, so edel getragen, wie ein Fohlen ihn trägt, das helle Licht der Klugheit auf der Stirn unter dem blonden Schopf – und ich weiß ihn wieder, den ewigen Trost, daß Gott den Menschen schuf nach seinem Bilde, daß jene andern wirklich nur der Spuk an der Kirchhofsmauer sind, der vergeht vor der Wirklichkeit des Morgen- und Abendglanzes, der mich aus den Augen dieser vier ansieht. Ich weiß, ohne daß ich ihnen begegnete, ganz genau, wie die Menschen aussehen, die ihre Gärtchen hier auf dem dürrsten und härtesten Gelände anlegen, zwischen Mietskasernen und Baracken. Und weiß, daß dieser Boden, über den jetzt die Aprilsonne scheint mit östlich hellem Glanz und der heiße Südostwind weht, ihnen immer wieder alles geben wird, was der Schattenzug jener Ewig-Gierigen niemals kennt – Genügen, Zufriedenheit, Freude über einen aus eigner Kraft errungenen Erfolg. Ein Glück, so groß, daß einer oder die andere jener Schöngekleideten am Zaun stehn bleiben und wie Neck und Nixe fragen wird nach dem Weg zum Erlangen einer unsterblichen Seele.

MAILICHES

Er ist da und wir sind ihm zu Ehren auf dem arktischen Schloßteich bei Lampionschein Bootchen gefahren und haben mit reichlich heiseren Kehlen zum mondhellen Himmel emporgesungen, daß er gekommen ist und daß die Bäume ausschlagen. Obgleich die Kastanien und Rüstern am Ufer damit noch äußerst vorsichtig sind. Denn sie kennen ihren Mai. Und wir auch, trotz der begeisterten Begrüßung. Die Lateiner regieren bei uns drei Wochen statt drei Tage, und so einen richtigen schmelzereichen Frühlingstag mit Apfelblütenpoesie kennt der Ostpreuße bloß auf Ansichtskarten oder in Jugenderinnerungen an süddeutsche Universitätsjahre. Alle zwanzig Jahre einmal kommt ein wunderschöner Wonnemonat mit überschwenglicher Fliederblüte, mit glühenden Abenden, unfehlbar gefolgt von einem Unglückssommer, von verspäteten Johannifrösten, von Dürre oder von Sintflutregen in der Roggenaust – schwarze Jahre, Zeiten, die wir jetzt ganz und gar nicht gebrauchen können, und an die wir denken sollten, wenn wir nun schaudernd in unseren Sommermänteln nach Hause traben und erleichtert aufatmen bei der Entdeckung, daß unser bester Freund, der Kachelofen, sanfte Wärme ausströmt.

O ihr Armen, die ihr jetzt eine Wohnung »mit allem Komfort« habt, deren Zentralheizung seit Ende April nach Sommerfahrplan steht. Schon im Winter seid ihr um so viele Freuden betrogen: um das freundliche Prasseln und Knistern des Feuerchens in der Frühe, um das hohle Sausen, das wie ein Thermometer die Kälte anzeigt, um den roten zuckenden Schein am Abend, um die Bratäpfel in der Röhre, um das katzenbehagliche Rückenreiben an der warmen Kachelwand! Gibt es etwas Ungemütlicheres, Häßlicheres, mehr Mechanisiertes als die Reihe der staubigen grauen Röhren in der Ecke, mit dem unmotivierten Brett darüber, auf dem die Porzellanschäfer in Gefahr kommen, sich die Sohlen zu versengen? Oder gibt's etwas ostpreußischem Klima Unangemeßneres als das hinter einem Gitter verborgene Schlangenknäuel der Rohre unterm Fenster – gerade unterm Fenster, wo ihre Glut keinem menschlichen Bewohner was nützt, sondern nur Tante Linchens Blattgewächse auf dem Fensterkopf zu ungesund-tropischer Entfaltung bringt, und Männe, dem Teckel, Rheumatismus, weil er sich durch das Herumwälzen auf dem heißen Brett so verpimpelte, daß er dem fliegenden Zug aus der Fensterecke nicht mehr standhielt? Nein, diese Erfindung wollen wir ruhig unsern Brüdern jenseits der Weichsel überlassen, in Ländern, wo man ohne Doppelfenster leben kann, und wo das Heizmaterial selbst heute noch so viel billiger ist, daß in einem Mieterrat nicht männermordende Fehden um den Kokseinkauf für die Zentralheizung ausbrechen. Fehden, die sozusagen für ungeborene Geschlechter gefochten werden, denn sie wüten, wenn die ersten Lerchen schwirren, schon um die Wärme für den nächsten Winter. Gewiß, auch uns, die wir unsern guten alten Ofen so zärtlich streicheln, beschäftigt die Frage, was wir dem verehrten Moloch im Herbst zu fressen geben werden; aber es ist eine Privatangelegenheit zwischen uns und ihm, die wir in unsern vier Wänden ganz allein regeln, ohne Anteilnahme, für und wider sämtliche Menschen, die der Zufall mit uns unter ein Dach steckte, und es ist nicht irgendeine dunkle Gewalt, die sich bloß durch ständige Forderung nach Lohnzulage manifestiert, die darüber bestimmt, wie lange es in unserer Stube behaglich sein darf. Lange – das ist die Hauptsache.

Der hellblaue Himmel draußen über den Giebeldächern sieht noch einmal so frühlingsmäßig aus, die Sonne noch mal so hell, wenn mir um Herz und Füße warm ist und mein Schnupftuch nicht andauernd in Gebrauch. Und so befeuert von Frühlingsgefühlen, fahre ich in den Wintermantel und wandere zu meinem Grundstück.

Es ist kein ehemaliges Bauerngehöft zwischen Vorortskasernen mit weißgekalkter Wand, Mansardchen im gebrochenen Dach, mit kleiner Holzveranda vor einem runden Beet mit halbausgefrorener Buchseinfassung. Es ist nicht mal eins jener bescheidenen Gärtchen, die den Namen des braven Leipzigers Schreber unsterblich machen und in denen der Ostpreuße mit viel Rückenschmerzen die Hochachtung vor Kopfsalat und Schabbelbohnen lernt. Ach nein, es ist weder einträglich noch nützlich, und Staat ist damit schon gar nicht zu machen.

So wandle ich ihm denn durch die endlose Königstraße zu, dies Mustergegenbeispiel einer graden Straße, deren Nüchternheit alle trübseligen Gedanken verbannt, die mich hier mit Erinnerungen überfallen könnten. Dann geht's an dem Tor vorbei, das zwar erhalten ist, aber dessen unmotiviertes Im-Weg-Stehen durch seine Benutzung als Laden und Wohnung nicht gerade berechtigter erscheint. Die vier kleinen Birken oben schimmern schon grün. Wo sind die Wälle rechts mit den schönen alten Bäumen? Der frische Ostwind bläst über die weite Fläche, über all die grabenden puppenkleinen Menschen. Wo der alte katholische Kirchhof rauschte, dehnt sich frischbestelltes Ackerland. Wo mag jetzt der Crucifixus stehn, der dort aus den Linden ragte?

Zur Linken an der Brücke mit dem schmalen Gleis der

Kleinbahn, die da hinter dem letzten Wall bimmelt und raucht, rauscht und rieselt es. Zwei kleine Flachsköpfe starren wie gebannt durch das Gitter in die Tiefe des alten Wallgrabens. Jetzt, wo das Wasser nicht mehr in auffunkelndem Schwall drüber stürzt, haben diese Granitstufen mit dem nassen Moos drüber etwas Schauriges, und eine widerliche Kühle, ein mulmiger Kellergeruch steigt aus dem schwarzen Schlund. Die Flachsköpfe hasten zum Südabhang des Walls am Glacis, und ich mit ihnen. Hier freut sich alles, was atmet im rosigen Licht. Die Linden und die kümmerlichen Lärchen oben am Rand, die kleinen gelben Ranunkeln unter ihnen, das dünne Gras am Abhang, in dem die Bahn vergessener Rodelschlitten breite graue Wege ausschliff, die scheltenden Omamas, die hinter zappelnden Enkeln herpendeln, die jungen Mütter mit Kinderwagen und Ullsteinschmöker, die singenden Marjellchen im Gras, die Liebespaare in den windgeschützten Mulden, die Hunde, die mit den kleinen Jungen sich den Abhang runterkugeln, die großen Jungen, die unten im Wallgraben angeln, die alten Weibchen in verschossenen Trauerschleiern, die oben mit Spaten und Gießkännchen zu den Kirchhöfen wandern. Selbst die Träger, die dort im Glacis neben dem Wagen mit dem Sarg gehen, haben ganz die offizielle Kondolenzflunsche vergessen, haben freundlich gerötete Backen und machen ebenso wie die sehr mageren Pferdchen den Eindruck, daß es nun Frühling, und erstes Grün und Sonne doch eine gute Sache ist. Sonnenkringel tanzen auf dem Bahrtuch, auf dem Kirchhofszaun, auf den Grabsteinen dahinter.

Ein unablässiges zartes Singen, Schiepsen, Flöten klingt

aus all den Bäumen, mischt sich mit dem Singen und zwitschernden Schreien der Kinder am Wall, wird sanft begleitet von einem weichen Sausen, das schon abendlich durch die Zweige streicht. Und ein ganz schwacher Veilchenduft mischt sich mit dem Geruch der Erde und des ersten Grüns. Stiefmütterchen, letzte Leberblümchen, die strahlende Buntheit einer Cinerarie leuchten durch den Zaun.

Ja, und nun bin ich auf meinem Grundstück angelangt. Es ist möglich, sogar wahrscheinlich, daß die klugen Leute recht haben, die da behaupten, daß diese Gitter, diese Steine, dieser rohgestrichene Schuppen eine Anhäufung von Geschmacklosigkeiten sind, die unser Kulturbewußtsein nicht länger dulden dürfte. Aber jedes dieser Gitter sah ich setzen, die Namen auf diesen Steinen weckten mir lebendige Bilder, und in jenem gelben Holzschuppen werde ich meine letzte Nacht auf dieser Welt durchschlafen, werde noch einmal das Brausen der Vaterstadt hören, das Singen und Schreien der Kinder am Wall, das Trappeln der Soldaten, den Pfiff der Kleinbahn, das Brausen des Flugzeugs – und zuletzt nichts mehr als das sanft verrieselnde Flöten, Pfeifen und Schiepsen der Vögel in den sausenden Zweigen. Und darum, o Neunmalkluge, erscheint mir mein Grundstück, dessen Wert für diese Welt sich ja bestreiten läßt, mit jedem Jahr mehr als das für mich beste und schließlich auch schönste Fleckchen Erde.

DER SPROSSER WAR'S, UND NICHT DIE NACHTIGALL!

Rechtmäßig ist es die schönste Zeit des Jahres, wo man (mindestens im Familienblatt) andauernd in der Laube sitzt und dem Sang der Nachtigall lauscht, je nach dem Alter dabei beschäftigt mit a) Schularbeiten, b) Küssen, c) erbaulichen Abschiedsreden an die Familie. Nach meiner Erfahrung liegen Lauben gewöhnlich so unter dem Kreuzfeuer der Nachbarsfenster, daß Küssen dort nicht ganz angebracht ist; auch für Schularbeiten ist die Laubenstimmung nicht zuträglich; und die ehrwürdigen Greise pflegen sich in ihr über Zug zu beklagen. Was die Nachtigall anbelangt, so schlägt sie bei uns möglichst ferne von dem Zweibein Mensch. Außerdem ist unsre Nachtigall keine Nachtigall, sondern ein Sprosser. Wie Leute aus dem Reich gerne bemerken. Obgleich sie den Unterschied im Gesang uns Ostpreußen nicht grade verlockend, geschweige denn klar vorführen, wenn man sie höflichst ersucht, sich über diese feineren Unterschiede zu verbreiten. Wobei ich betrübten Leuten nahelege, ihre Umgebung einmal über Vogelrufe zu interviewen. Amsel, Drossel, Fink und Star führen im Gehirn des gebildeten Mitteleuropäers ein holdes Kindergartendasein, in dem sie alle wie das Täublein im Märchen »ziküh« machen.

Um auf meinen Vogel zurückzukommen – für einen meiner Angehörigen war es erst richtig Mai, wenn er die Nachtigall (das Wort Sprosser konnte er nicht vertragen) in Luisenwahl gehört hatte; nur dort im Grund sänge sie wahrhaft schön, und zwar nur bei zunehmend Licht. So pilgerten wir denn, unbesehn wieviel oder wie wenig Grad das Thermometer hinterm beschlagnen Fenster zeigte, durch den hellen Abend nach feierlichem Begrüßungsritual vor dem neuen Mond nach Luisenwahl. Erquickten uns an einem Trunk aus dem Brünnchen (dessen Wasser neben dem längst versiegten Schloßbrunnen und dem »Spring« im Schwarzen Roß in der Vorstadt als besonders gesund zu trinken galt), und störten dann auf unsrer Suche nach einer Bank, wo wir die Nachtigall am besten hören konnten, sehr viele erboste Liebespaare. Die Nachtigall schluchzte ein paarmal auf und schwieg dann beharrlich. Um so deutlicher waren die Bemerkungen des gestörten Liebhabers neben uns.

Schließlich aber, wenn wir es aufgaben, eine bleibende Statt zu suchen und irgendwo auf halber Höhe standen, wo der zarte Schimmer der Kirschbaumblüte (die heute ein paar Alleerüstern traurig ersetzen) sich über den sanften Rasenabhang breitete, dann klang es doch noch einmal durch die taukühle, klare Dämmerung, gleichmäßig anschwellend, lockend und unendlich süß – der schönste, ausdrucksvollste Vogelruf unseres Frühlings. Halberstarrt vor Kälte, hustend und niesend, aber in tiefster Seele erbaut, pilgerten wir dann zurück, in dem ersten ungewissen Schein des silbernen Sichelchens oben. Immer unter Vergleichen mit früheren Malen und der Feststellung, daß sie so schön noch nie gesungen hätte – neben der Erwähnung verschiedener ostpreußischer Seebäder und Güter, auf denen es so viel Nachtigallen gäbe, daß man dort im Mai nachts nicht schlafen könne vor ihrem Singen, so daß es schon vorgekommen wäre, daß Leute vor Zorn darüber mit dem Pantoffel nach den Nachtigallen geworfen hätten. Bei dieser Schilderung überlief mich eine angenehme Seelengänsehaut; so etwa wie bei der Geschichte von der aufgeklärten Frau Schulhalterin, die sich bei Gewitter mit einem Teller Kartoffelflinzen ans Fenster setzte, und die Gabel zog den Blitz an, der ihr das Korsettblanchet zerschmolz. Daß einer der Pantoffelschleuderer mein Großvater gewesen, machte mir ihn, die Geschichte und das Gut gleichmäßig interessant. Leider konnte ich ihn nicht mehr fragen, was ihm nachher zugestoßen sei und ob er den Pantoffel wiedergefunden. Jedenfalls haben die Nachtigallen diese Behandlung nicht vertragen. Als ich mal da im Mai hinkam, schlug nicht eine. Mir wurde zwar versichert, das läge bloß an der Kälte – aber wofür sind sie dann Nachtigallen in Ostpreußen? Im Warmen schlagen, das können die echten auch.

Nachdem ich dann noch Pfingsten in dem Seebad war, wo man es nach den Versicherungen der Alteingesessenen »vor Gesang abends kaum aushalten« konnte, und ich wie Iphigenie auf Tauris nur die »dumpfen Töne« der Wellen hörte, aber keine Nachtigall weit und breit, beschloß ich meine nächste Fahrt ins Reich zur Zeit der Baumblüte zu machen, um nun mal eine wirkliche Nachtigall zu hören.

Ich kam in eine Gegend in der Mark, wo alle Bedingungen dafür vorhanden waren. Sehr irrtümlicherweise denken wir Ostpreußen (und auch andre Deutsche!) uns die Mark so wie die Gegend am Bahndamm zwischen Kreuz und Konitz. Eilige Sonntagsausflüge in Berlin mit einem Blick auf sehr viel Butterbrotpapiere in einer vorzeitig greisenhaften Kiefernschonung scheinen das ja auch zu bestätigen. Aber es gibt noch ganz andre Dinge zwischen Elbe und Oder, und wenn das einzige Populäre davon der durch seine meist nicht mal waschechten Töchter bekannte Spreewald ist, so kann die Mark nichts dafür. Item, ich war in einer ihrer lieblichsten Gegenden: Kanäle und kleine Bäche, altmodische Gärten mit riesigen blühenden Apfelbäumen und buchsbaumgefaßten Rabatten, in denen sich große Bizardentulpen wiegten. Maulbeerbäume (aus der Zeit des Alten Fritz) an weißen Straßen, die in sanften Windungen aus der grünen Wiesenebene auf die Hügelkette führten, an der die kleinen, märkisch saubern Ortschaften lagen, umrauscht von endlosen, wundervollen Wäldern mit alten Kiefern und Eichen, mit Rotbuchenbestand, mit einer Fülle Unterholz, mit kleinen, stillen Tälern, über deren Einsamkeit mittags die Falken kreisten. Hier, sagte ich mir, muß, soll und werde ich sie hören. Denn es gab kaum einen Vogel, der in diesem Paradies nicht sang. Ich saß eine halbe Nacht auf, sah den Mond über dem grünen Hügel aufgehn, sah die unirdische Schönheit der Apfelblüte leuchten, hörte freundliches Gekicher am Zaun, ein verspätetes Radlerklingelchen, ein fernes Auto, einen noch ferneren Zug, ein Kinderweinen im Nachbarhaus, allerlei Nachtgevögel – bloß keine Nachtigall. Als die Hähne krähten, kroch ich hubbernd ins Bett. Sie war mir nicht beschieden.

Nun begab es sich, daß ich am nächsten Tag in eine Stadt mußte, eine richtige Stadt, die so nahe an Berlin liegt, wie es solchem Wesen nur möglich ist, ohne eingemeindet zu werden. Das Haus meiner Freunde lag mitten in der Stadt. Darüber täuschten weder die paar kümmerlichen Rotdörnchen hinter den Grabgittern der Vorgärten noch die Kastanie an der Tür, die eben zu blühen begann. Hinter den Häusern drüben standen ein paar kuppelrunde alte Baumwipfel; ein längst geschlossener Kirchhof.

Mitten in der Nacht wachte ich auf mit dem Gefühl, daß irgend etwas mich geweckt hatte. Der Mondschein war von der Wand fortgeglitten, nur in der Gardine lag noch der helle Schein, sie wehte und bauschte sich im Nachtwind.

Und dann klang etwas, das mich geweckt hatte, von drüben, aus dem alten Friedhof. Langgezogen, süß, aufschluchzend – kein Vogelruf mehr, die Seele dieser Frühlingsmondnacht selbst. Anschwellend und sinkend, immer wieder beginnend mit der holden Klage, der scheuen Seligkeit seiner Strophe. Und ich wußte, daß ich nun endlich eine *richtige* Nachtigall hörte. Aber sei es nun, daß mein Ohr gar zu östlich orientiert ist und nur unsre Nachtigallen unser Blut in Wallung bringen, oder sei es, daß kein Romeo zur Hand war, mit dem ich über das Für und Wider dieses Gesangs mich unterhalten konnte – meine Anstrengungen, wach zu bleiben, waren vergeblich, kein Suse patrusche wirkte je so magisch, ich schlief umgehend wieder ein und bis in den lichten Morgen.

Seither habe ich's aufgegeben, auf fremde Nachtigallen zu lauern. Für Luisenwahl bin ich nicht mehr frisch genug. Abendnebel gibt's im Kneiphof auch. Aber die Nachtigall (ich sage Nachtigall) kam mir im vollsten Sinn des Wortes entgegen. Denn wer war's, der neulich im schönsten Abendsonnenschein auf dem Kirchhof in der Tujahecke saß, mich mit großen blanken, schwarzen Augen musterte und wie ein Kind mit seinem Lied auf sich aufmerksam machte? Um dann ein bißchen sich zu verstecken und, sowie ich an dem Grab rumbastelte, sofort wieder zu äugen und zu singen, zum Greifen nahe? Ja, dachte ich, äugele nur, ich tu dir nichts; aber endlich weiß ich, wieso es heißt: neugierig – wie eine Nachtigall!

WEST-ÖSTLICHES

Ich stehe an dem Zaun des kleinen Vorortgartens, der wie die ganze enge Straße hier, die lange vor dem Abbruch der Wälle angelegt wurde, etwas Dürftiges, zum Bankrott Bestimmtes, Halbverlaßnes an sich hat, wie es den Vororten aus unsrer baulich schlimmsten Zeit eigen ist und trotz aller Zeiten und Jahreszeiten bleibt.

Der Abbruch an der jämmerlich-eleganten Fassade bröckelt wie Aussatz, blanke Fenster und frische Gardinen zeigen die Greulichkeit der aufgeklebten Stuckornamente nur noch deutlicher (zumal die Muster der Gardinen, die zudem noch ockergelb gestärkt sind, derselben wildgewordenen Phantasie entstammt scheinen). Ein paar sehr bunte Bilder, die auf den eingebauten Balkons, zu denen der Deutsche ›Lodschja‹ sagt, im kühlen Maiwind klirren, verstärken den Eindruck von Verlassenheit und Unwahrscheinlichkeit, den das fast überirdisch helle Nachmittagslicht so herzbeklemmend zeigt.

Aber am trübseligsten ist doch der Vorgarten mit dem wuchernden Gras, in dem ein paar fahle Vergißmeinnicht hinsiechen, eine Primelstaude verkommt, in dem die Wege grün, die Beete schwarz sind, und wo ein halbverstorbenes Primusbäumchen seine dürren Zweige, an denen ein paar rosa Blütchen wie Seidenpapierrosettchen stehn, um die schief aus dem Boden ragende Zinkguß-Göttin reckt. Das Herz krampft sich, wenn man diesen Primus und diese Göttin sieht, und der Duft der Obstbaumblüte, die der kühle Wind herträgt, macht den Ungeschmack und die gleichgültige Lieblosigkeit so unerträglich wie eine hergeplapperte Blasphemie. Und ein wildes, beinah kindisches Sehnen überfällt mich nach Weite, nach Schönheit, nach Frühlingsfülle.

Es nützt nichts, daß ich beim Weitergehen versuche, mich mit anderen Gärten zu trösten. Die schönste Primelstaude, die leuchtendste Picotétulpe hat keinen Reiz für mich, wenn nicht nur das allzu beherrschende Haus, wenn auch Zaun überall und Aschekästen mich bei jedem Blick an den Segen der städtischen Kultur erinnern. Ein Landgarten, ein Gutsgarten – ja. Aber die sind weit.

Erinnerungen an ferne Jugendwanderjahre tauchen auf, die grünlich mit weißen Kerzen flammende Wucht endloser, turmhoher Kastanienwände, zwischen denen der breite, gelbe Kiesweg auf das Schloß zuführt, das mächtig den Park wie mit Armen umschließend, mit unendlichen Fensterreihen, mit unendlich vielen Mansarden hinter dem Wasserbecken auf die Boskette aus persischem Flieder sieht, die sich wie ein lila Teppich vor ihm ausbreiten. Heuduft und erster Rosenduft treiben in dem warmen Wind, der von draußen herkommt, wo jenseits der funkelnden schmiedeeisernen Tore das gesegnete

süddeutsche Land sich dehnt mit Obstalleen und Weinbergen, mit der blauen Linie seiner Waldhügel.
Werde ich dich noch einmal sehen, geliebtes Land? Vielleicht. Aber nicht mehr sehe ich das, was ich am meisten dort liebte, was ich wiederzusehen von Jahr zu Jahr verschob zur schönsten Wanderfahrt meines Alters, als letzte Erfüllung: über dem weichen Dunst der sonnenheißen Rheinebene das *Münster*. Bläulich und zierlich, wie das Modell der Votivkirche in der Hand der Heiligen hältst du es empor, sonnenbuntes Elsaß. »Welch schöner Garten!« sagte der Sonnenkönig; und seine begehrliche Hand ergriff es, sein Riesenspielzeug. So kurz warst du wieder unser. Wer, lieblichstes Land, wer von uns Norddeutschen hat dich durchwandert? Wer von all denen, die hinstürzten, als die geheimnisvolle Schönheit des Isenheimer Altars noch einmal in der Pinakothek den Deutschen gezeigt wurde, hatte diese blonde Gottesmutter gesehen, als sie noch in dem kleinen elsässischen Städtchen hing? Wem von uns, die wir doch die Mona Lisa noch im Louvre bewundert hatten vor ihrer Entführung und bei allen Madonnen im dunkelsten Umbrien Bescheid wußten, war die Sonnengottherrlichkeit dieses Auferstandenen vertraut? Und wem von denen, die nicht bloß über den Kölner Dom leidlich richtige Urteile abgaben, sondern sogar durch die Barockkirchen Oberbayerns mit Ausdauer und Verständnis pilgerten, war das Münster ein bekannter und vertrauter Bau?
Gerade wir von hier oben hätten dort hinreisen müssen. Ein fröhlicher Austausch hätte es sein müssen von wanderfroher Jugend zwischen den beiden äußersten Grenzländern, zwischen Vogesen und Nehrung, zwi-

schen Rhein und Memel, zwischen Studentchen in Straßburg und an der Albertina. Es wäre besser gewesen, sie hätten mehr von der Marienburg und wir mehr vom Isenheimer Altar gewußt, als daß wir so sehr viele kleine Gänseleber-Pastetchen in gelben Terrinchen und so sehr viel Münsterkäse vertilgten (der nichts mit der Kirche zu tun hat, wenn er auch auf den Vogesenalmen zu Hause ist).

Nie wieder ist diese versäumte Reise gutzumachen. Es sei zu unsrer Ehre gesagt, daß aber grad der Ostpreuße mindestens Bayern mit Energie und Ausdauer durchwandert hat, und dort unter den vielen Norddeutschen in grünen Hütchen und mit den blassen Knien unter der Alpenballbux angenehm auffiel durch seine kindlich ernsthafte Begeisterung, seine Bescheidenheit (wohltuend anders als der Berliner, der vor dem kleinsten Berg den wilden Mann spielte), sein Bestreben, das Land möglichst gründlich kennenzulernen ohne Hotels und Neuzeitkomfort. Aber Oberbayern allein ist nicht Deutschland. Franken und Baden, das grüne Weserland und in Bayern selbst die »Moose« – o alles ist Deutschland! So schön, so lieblich, so bevorzugt an Klima und Schönheit vor uns wie der geliebte Erstgeborene. Alle uns Ostpreußen verwandt – denn aus jedem dieser Ländchen sind sie uns zugewandert, ihr Blut lebt in unserm Blut. Wie mögen sie geseufzt haben, die ersten, die hierher kamen, sei es dem Orden nach, sei es unter den Hohenzollern, wenn der eisige Nordostwind noch im Mai um sie pfiff, wenn sie die Saat auf dem so spät bestellten Acker vom Frost verbrannt sahen und an die alte Heimat dachten, wo Rosen blühten und Linden um die gleiche Zeit.

ÜBER BLUMEN UND STRÄUCHER

»Mutti, guck, die Blumen. Was sind das?«
»Das sind Stiefmütterchen!« Sie sind es, unverkennbar. Ein breites Band, gelbflammend und samtdunkel umziehen sie das lichte Grün des Rasenplatzes. Die junge Frau will den kleinen Jungen mit der himmelblauen Zipfelmütze ablenken: »Sieh mal, die Boote. So viele Schiffchen!«
Aber der Kleine sieht nicht auf den Schloßteich. Sein Gesichtchen flammt vor Entzücken.
»Nicht pflücken, nein, nein!« ermahnt er sich selbst. »Aber da sind auch Blumen. Die sind weiß, nich, Mutti? Wie heißen die da am Baum?« Das kleine braune Fingerchen zeigt auf die blühende Rhododendrongruppe. Mutti streift mich mit einem vernichtenden Blick und sagt hoheitsvoll: »Azaljen!«
Es macht mir Eindruck, daß sie mindestens in der Verwandtschaft bleibt. Ich folge bewundernd ihren Spuren. Der Kleine hat seinen floristischen Tag.
»Mutti, was is das?« Ich sehe auf die Boote und warte, wie sich Mutti einer Spiräa gegenüber aus der Affäre ziehen wird. Sie besieht den reizenden kleinen Strauch mit den weißbezuckerten feinen Zweigen fast mit demselben Wohlwollen wie ihr Sohn. »Das ist hübsch«, sagt sie anerkennend.
»Ja, aber wie heißt er?« fragt der Kleine. »Aber Bubi!« sagt Mutti entrüstet. »Wie soll er heißen? *Strauch* natürlich!«
»Ist das auch Strauch?« fragt Bubi zutraulich und zeigt auf eine Heckenkirsche.
Mutti hat eine Antiphatie gegen mich, das ist klar.

»Aber wie sonst?« fragt sie. Sie wird rot und ihre Stimme wankt. Sie ist noch sehr jung, die kleine Mutti. Wie sie mich rasch anblickt, denke ich, jetzt kommt der Schulmädchenknix.

»Aber *das* ist kein Strauch, das ist ein Baum!« triumphiert jetzt Bubi. Die Zipfelmütze hängt im Genick, er hat den kleinen Kopf weit zurückgeworfen und trinkt den süßen Duft des Faulbaums, dessen weiße Trauben im warmen Morgenwind schaukeln. »Das ist« – ein Erinnern lebt in Mutti auf, ihr Gesicht wird ganz kindlich – »das ist ein Faulbaum. So einer stand in Schwarzort am Haff.«

»Wo ist das?« fragt Bubi. Das helle Licht in Muttis Augen ist erloschen. »Weit«, sagt sie leise.

»Und was ist *das* für ein Baum?« bohrt Bubi. »Sag doch, Mutti!«

Mutti seufzt schwer, blickt hinauf und hinab an der Rüster und entscheidet: »Eine Linde!«

Ein alter Herr, der auf der Bank sitzt, fühlt sich zum Erziehen berufen. »Es ist eine Buche!« murmelt er. Die ältere Dame neben ihm meint, es könnte auch eine Birke sein. »Ach nein, Birken sind weiß», sagt sie dann. Bubi blickt verwirrt um sich. Ich würde ihm gern erzählen, daß es eine Ulme ist, und zwar ihre unerfreulichste Abart, die eigens gezüchtet scheint, um die Charakterlosigkeit von Großstadtstraßen und -anlagen nicht zu stören – aber warum soll ich die Konfusion in Bubis und Muttis Köpfen noch vermehren und begnüge mich damit, an ihnen vorbeizugehen und auf der Schloßteichbrücke nach der frühlingsherrlichsten Ecke des Ufers mit den blühenden Kastanien der Logengärten zu sehen.

Die Kastanie ist dank ihrer Kerzen und ihrer Früchte einer der wenigen Bäume, die der deutsche Städter immer, manchmal sogar im unbelaubten Zustand erkennt. Und es gibt selbst jetzt, bei diesem Dollarstand, Leute, die hin und wieder einen Blick übers Geländer auf die alten Kastanien werfen. Wenn auch nur verstohlen und verschämt. Der Japaner feiert das Nationalfest der Kirschenblüte. Der Perser wandelt andächtig verzückt durch Fliedergärten der Reichen. Unsere Feinde respektieren die blühenden Parks der alten Königsschlösser, treiben einen Kult mit zierlichen Hausgärten – aber die Deutschen, die dazu Anlage haben, verbergen es ängstlich wie Gedichtemachen, verachten es wie diesen lyrischen Zeitvertreib und sehen Natursinn, Blumenfreude und -kenntnis immer noch als eine Art Altjungerfernmarotte an. *So* gebüldet wurden wir. Obgleich der Mund der Unmündigen uns immer wieder diese Herrlichkeit verkündete. Obgleich in hundert alten Gärten, Schluchten, Kirchhöfen das Erbe unserer Vorfahren vor uns stand und uns zeigte, wie tief ihr Verhältnis zur grünen und blühenden Natur war, wie sie alle, ob Landmann, ob Ackerbürger, ob Fürst, es verstanden, sie zu formen, sie mit ihrem Geist zu füllen und doch ihre Art sprechen zu lassen.

Aber es ging uns verloren – wie der Sinn für Architektur, wie der Sinn für solides Kunsthandwerk. Die schönen alten Hecken ließen wir verwildern zur »Natürlichkeit«, obgleich eine ausgewachsene Hecke so ziemlich der greulichste Anblick ist, den man am grünen Holz haben kann. Auf die schönen alten Rasenflächen pflanzten wir jene Wirrnisse ausdrucksloser Sträucher, die der Deutsche »Gebüsch« nennt. Mitten drin aber legten wir runde Beetchen an, in denen ein Pelargonium oder eine vom Wind zerfetzte Musa oder eine Fleischerpalme (je nach dem Steuerzettel des Besitzers) den beherrschenden Mittelpunkt einer italienischen Salatschüssel oder einer Vergißmeinnichttorte bildete. War es eine Musa, so gedieh nicht weit von ihr ein Beet Rosen, das ohne Unterpflanzung und hochstämmig einem in die Luft geflogenen Geburtstagsstrauß ähnlich sah. Waren es Vergißmeinnicht, so war die Glaskugel nicht ferne, teils silbern und teils grün. Und rechts und links von dem reichen, vogeldurchflatterten grüngoldenen Lindengang wurden zwei Blautannen postiert, die in die Höhe schossen wie Grenadiere, und nur noch von den Gruppen anderer fremdstämmiger Tannen überflügelt wurden, die den alten Paradiesapfelbaum und das Fliederboskett verbarrikadierten. Dafür wurden aber die schlanken, alten Pyramidenpappeln niedergeschlagen und durch »nicht so steife« Bäume ersetzt. Auch im Logengarten am Schloß, ja, auch im Logengarten, der letzten Oase alter Gartentradition in unserer Stadt, an deren Terrassen man noch ahnt, wie herrlich das war, was man hier früher erblickte, wenn man Bootchen fuhr.

Ich war neulich in einem Garten ganz dicht bei der Stadt, dem hatte man sein altes Gesicht gelassen, hatte es bewahrt, und nun blüht es in unverwelklicher Frische. Rabatten mit Tulpen und Narzissen säumten den Weg, die Sonne schien auf den Mühlsteintisch in der Laube, die Apfelbäume blühten im Obstgarten und von dem Sitz hoch in der alten Linde lachte ein vergnügtes, rotbäckiges Kindergesicht auf all die grüne und bunte Pracht, durch die allerlei Getier wandelte und flatterte wie im Paradies. Ich werde mich aber hüten zu sagen, wo dies Paradies liegt, sonst kommt die Schlange der Kultur und rät dringend, seine Früchte abzureißen, von denen sie doch weder Nam' noch Art kennt.

DER REINLICH GEGLÄTTETE SCHREIN

Der Weststurm braust um den Giebel des kleinen Hauses, als ob es nicht Juni, sondern mindestens September wäre. Die Regentropfen prasseln auf das Dach, unten gluckst die Dachrinne. Durch die beschlagenen Scheiben kann man undeutlich den windgeschüttelten hellgrünen Ahorn sehen und einen tropfnassen Zweig mit rosa Apfelblüten.

Ich liege in der Ecke des braunen Ripssofas, ganz gegen meine Gewohnheit trübselig, und zähle die Leberblümchensträuße auf der grauen Tapete, die an der abgeschrägten Wand hinaufklettern, nachdem ich mich eine Stunde lang in den Lebenslauf der Pandita Ramabai vertiefte, die ihren armen indischen Witwenschwestern als erste in ihrem Elend half. Aber alle Hochachtung vor dem Wesen und Werk der edlen Brahmanin hilft mir nicht ganz über meine Wettermelancholie, die durch Betrachtungen über die Preise der Ausflugskarten einst und jetzt sich bedrohlich verfinstert. Da kommt meine Gastfreundin herein, so freundlich wie der schönste Sommertag, mit einem Tablett, auf dem die erfreulichsten Dinge stehen: hübsche alte Tassen mit einem zierlichen Rosenmuster, eine große Kanne, aus deren Schnauze der nach wirklichen Kaffeebohnen duftende Dampf steigt, ein Teller, auf dem goldbraune zuckerbestreute Raderkuchen aufgetürmt sind. Indische Witwen und Leberblümchensträuße, sogar der Regen hören auf, mich zu fesseln, und ich sehe auf dieses Tablett mit dem Interesse einer Fünfjährigen auf Kindergesellschaft. Das Tablett wird sorgsam auf die Kommode gestellt, über der »das goldene Zeitalter« in Stahlstich auf die Raderkuchen niederlächelt.

Die Gastfreundin geht an den alten Spind und holt ein Tischtuch vor, das sie ausbreitet. Wie es sanft rauschend über die Platte fällt, weht der einzigartige reine, blumenhaft frische Duft, den Landwäsche an sich hat, zu mir her. Ich richte mich auf; an der Art, wie schwer es fällt, sehe ich schon, daß es eine selbstgewebte Decke ist; glänzend wie Flachs hebt sich das schöne alte Stäbchenmuster heraus.

Ich fühle es an, glatt und fest gleitet der Stoff durch meine Hand. Ich zeige meine Freude. »Oh, das ist nichts; davon habe ich so viel!« Das freundliche Gesicht färbt sich rosig vor berechtigtem Stolz. Und kaum, daß sie mir den Kaffee eingeschenkt hat, geht sie wieder an den Schrank, macht beide Türen auf. Da liegt es aufgetürmt, schimmernd weiß. Ein paar Stühle werden herangerückt, die kleine blonde Verwandte, die in der Küche hantiert, kommt herbei, und beide kramen hervor, breiten alles vor mir aus, erklären, zeigen, überbieten sich vor Eifer, aber beide mit ruhigem Stolz, mit der Würde, die wohlerworbener Besitz verleiht.

Vergessen ist der Regen, der »verlorene« Tag. Was jetzt vor mir liegt auf den Stühlen, der Kommode, dem Sofa, dem rasch herbeigeholten zweiten Tisch, ist eine kleine Musterschau ostpreußischen Hausfleißes, ein Lobgesang auf die Tüchtigkeit einer töchterreichen Besitzerfamilie. Ein für heutige Begriffe enormer Reichtum liegt da ausgebreitet in den Tischgedecken, den Mundtüchern, der Bettwäsche und den Stapeln von Handtüchern. Dabei haben zwei Töchter schon ihr Teil davon zur Aussteuer mitbekommen. Eine, die selbst noch an all diesem mitgearbeitet hat, mit den Schwestern gesponnen, gewebt und genäht hat, zog es vor, verblendet von den Reizen Berliner Kultur, sich lieber »modern« auszustatten. Aber in der zu Hause Gebliebenen, die die Mutter pflegte, und die nun diesen Schatz verwaltet, lebt noch der Stolz, die Freude auf das selbst Geschaffene, liebevoll Bewahrte.

Die schönen alten Muster, die jeder von uns kennt, das Schachbrett, das Kreuzmuster, der »Tannenbaum«, alle sind vertreten, auch das feinere Linsenmuster. Die »guten« Tücher sind nicht selbstgewirkt. Es sind Braut- und Patengeschenke, in besten Läden gekauft, die ihre Kundschaft genauso gut kannte, wie diese den Wert des Talers und den Wert der Ware. Sie zeigen durchgehend gute, alte »Plein«muster, Rosensträuße, Streublumen, Weinblattranken – Muster, die damals noch viel in Ostpreußen von zünftigen Webern für große Ausstattungen hergestellt wurden.

Die Handtücher kommen gleich hinter den übergroßen Mundtüchern. Sie sind breit und sehr lang, zeigen auch ihre traditionellen Muster, den Streifen, die Gräten, sind gefolgt von derberen »Rubbeltüchern«. Dann kommen die halbgebleichten Küchentücher, die Drell- und Klunkertücher, jede Sorte mit einer anderen roten Borte, breite und schmale, dicht am Rand, weit vom Rand – in einer erstaunlichen, immer geschmackvollen

Mannigfaltigkeit. Handtücher und Küchentücher sind mit großen, sehr hübschen roten Kreuzstichmonogrammen bestickt. Die Tischwäsche ist eigen weiß gestickt, mit schönen vollen Buchstaben, die sich glänzend und erhaben abzeichnen. Nun kommt die Bettwäsche, schimmernd von Mangelglanz, ganz feine Leinwand, oben so fest, so kräftig, so ausdrucksvoll, daß man an Acker, an Ähren, an Brot denkt, wenn man sie ansieht. Handbreite Häkelstreifen zieren die Kissen so fest und fein in Garn und Arbeit, daß sie an Klöppelspitzen erinnern. Nicht ein plumpes oder geschmackloses Muster ist darunter. Sie liegen, die wunderhübschen Bezüge (sehr groß, denn die selbstgeschütteten Kissen im Bettkasten sind prall und hoch, wie sie der Städter nicht mehr kennt), zwischen kleinen Bergen von Bettbezügen – ebenfalls mit Häkelstreifen – und Laken, deren behäbige Breite man ahnt.

Und zwischen diesem Schneegebirg steht lächelnd und stolz die Besitzerin, erzählt von jedem Stück die Geschichte, lobt und tadelt selbst ganz unparteiisch, immer unterstützt von der kleinen Verwandten, die auch noch weben kann, »aber nicht mehr so schön«, wie sie seufzend sagt.

Die kleine Blonde fängt an zusammenzuräumen, ihr Herz kann nicht länger den Anblick der auseinandergerissenen Leinwand ertragen. Andächtig und eifrig legt sie Kissen und Decken in den gleichen Falz, häuft die Sorten zusammen, verstaut alles wieder im Schrank und jammert leise, wer sie heiraten wird, sie, die keine Betten und keine Wäsche mehr hat, weil die Brüder fielen und böse Zeit kam. Aber sie lacht dazu und tröstet sich mit einem Raderkuchen.

Die ältere aber geht an die Kommode und holt ein Päckchen hervor, in verblautes Leinen geschlagen. Ich bin voller Spannung, was nun kommt, und vermute altes Taufzeug, aber das müßten ja die verheirateten Schwestern haben.

Es riecht nach Bleiche und Luft, ein wenig nach Seife, wie sie das Bündelchen aufknüpft. Es muß vor kurzem erst gewaschen sein, was sie da herausnimmt; das lächelnde Gesicht wird ernst. »Ja, die hatten wir für die Mutter«, sagt sie leise. Ich sehe ihr schwarzes Kleid, und plötzlich weiß ich, was es für Tücher sind, die sie da über dem Stuhl ausbreitet: uralte und vor Alter trotz ihrer Festigkeit seidenweiche überlange schmale Handtücher – Leichenhandtücher, die Sarg um Sarg bedeckt haben in der Familie, in denen Sarg um Sarg sanft schaukelnd wie eine Wiege in ihren Gangeln, hinuntergeglitten ist in die warme, braune, heimatliche Erde, aus der diese Menschen kamen, der sie lebten und dienten.

Der Regen trommelt immer noch auf das Dach, durch die beschlagene Scheibe sieht man nur noch etwas von dem Grün und Rosa des Frühlingsgartens, wo die kleine Blonde heimlich ein rasch verlaufendes Herz zeichnete. Ist es ein verlorener Tag? fragt der Wind, der um den Giebel saust. Und die Augen meines Volks, blau wie Flachsblüten, die mich über den weißen Tüchern anblicken, sagen die Antwort.

ST. JOHANN

Johannistag! Wem ist sehr danach, liebe Ostpreußen? Höchstens nach dem Pelz ist uns, von dem wir selbst behaupten, daß wir ihn an diesem Tag wieder vorholen. Wir wollen aber nicht über 1923 zetern; so schlimm wie die jenseits der Weichsel haben wir's mit dem Regen noch nicht gehabt, und an eine ganz erfrischende Temperatur um die Sonnenwende herum sind wir eigentlich gewöhnt. Bei uns zu Haus, wie bei vielen Familien hier, galt es als selbstverständlich, die halbe, wenn irgend möglich, die ganze Johannisnacht aufzubleiben. War man in der Stadt, so wurde an den Landgraben gepilgert, war man am Strand, wurde abends an die See, morgens ans Haff gegangen. Das vermittelte eine unvergeßliche Fülle schönster Natureindrücke, und jedem wurde es dabei klar, was eine Sonnwendnacht in unserem Norden bedeutet – aber daß uns dabei jemals heiß war, ist mir nicht erinnerlich, nur daß wir zähneklappernd um den Morgenkaffee saßen, aber schwelgend in Erinnerungen!

Welch großer Augenblick war es gewesen, als Johann, der vergnügte dicke Johann, der nachher den schweren Schiffertod im Treibeis starb, auf dem Landungssteg in Schwarzort die mit Pech und Hanf bewickelten Buchstaben in Brand setzte, daß *»JOHANN«* vor dem blauen Wasser in Feuerzeichen flammte wie seine eigne Apotheose? Und mitten aus dem vergnügten Spektakel waren unsre Gedanken zu den Fremden und Verwandten im Reich gewandert, bis in die Berge, wo sie durch die Feuer sprangen.

Irgendwie an diesem Abend rührt sich ein Erinnern im

Herzen der nordischen Völker, ein Aufwachen allererster Erlebnisse, als wir noch jung waren und zusammenhielten, und der Pulsschlag der Freude in dieser Nacht durch unsre Herzen bebte, schwer und stark von Skandinaviens Birkenhainen bis hinunter in die Alpen. Es ist das Sommerfest aller Völker, die unter zu langen Wintern seufzen.

Es ist recht und billig, daß wir uns auf diesen Tag besinnen. Einer ängstlichen Seele graut dabei vor Wiederbelebung des Heidnischen. Unsre alten Johannisabende und unsre Naturandacht bis zu dem feierlichen Augenblick, wenn die Sonne aufging, war gewiß ein Überrest jener Zeiten; aber es hat uns nicht vom lieben Gottchen entfernt, ganz im Gegenteil.

Einmal haben wir die Johannisnacht einsam auf der hohen Düne verbracht. Aber ob es die Totenstille dort war, ob das geisterhafte Dämmern über dem weißen Sand, ob die seltsame, entsetzliche Kälte, die er ausströmte – wir waren erhoben, aber beängstigt, und sehnten uns heimlich nach der gemütlichen Gegenwart der Menschen, nach dem Rauschen von Bäumen und Feldern. Es ist eine Nacht des Lebens, nicht eine Nacht des Todes, diese Nacht, deren Symbol das lebendige, reine, läuternde Feuer ist. Bei Unfruchtbarkeit, Tod und Verhängnis soll man sie nicht feiern. –

Sie schreiten, diese Furchtbaren, jetzt hinter einem andern Feuer, einem düster glühenden und verzehrenden da unten im Süden.* Soviel Schreckliches ist in diesen

* Vulkanausbrüche 1923 auf Sizilien, vor allem der Ätna am 2./3. Mai und 16./17. Juni

zehn Jahren über die Welt gegangen, soviel von Blut und Jammer haben wir gehört – aber hier beben die Herzen der Völker wie beim Untergang Messinas. Denn hier fühlen wir, daß nicht Menschenirren und menschliche Unvollkommenheit diesen Jammer beschworen, sondern daß etwas Größeres und Ewiges, für Klage und Anklage Unerreichbares die Ketten jener drei* losband und ihnen Macht gab über ein fleißiges Volk und ein blühendes Land. Die Angst der Kreatur schreit auf zu dem Himmel, den der Regen der glühenden Asche verdunkelt. Zwischen den Flüchtenden schwanken die wundertätigen Bilder über den keuchenden, halb erstickten Trägern; blutrot wie vom Abendglühn des jüngsten Tages bestrahlt, schimmern die erhobenen Monstranzen. Das höchste Heiligtum jener Gegenden, der Schleier der Märtyrerin Agatha, bei deren Tod der Ätna bebte, wird hervorgeholt, damit er den Lavastrom zum Stehen bringt, der sich weißglühend und mit fürchterlicher, unaufhaltsamer Wucht heranwälzt. Und durch Staub, Asche, Dunst und rote Dämmerung hasten die Karren, die Eselchen, die Maultiere mit den Glöckchen, deren Bimmeln mit dem Weinen der Kinder und Frauen in dem rasselnden Dröhnen des tobenden Berges verhallt, durch die entsetzliche Glut, die die Haut der Menschen röstet und zusammenzieht wie die Blätter der Lorbeerhecken, die schwarz und verschrumpelt um die Gehöfte stehn, deren Dach die schwere Asche schon eindrückt, ehe die Lava es bedeckt.

Und von diesem Volk in diesem Jammer heißt es in den

* Ätna und auf den Liparischen Inseln Stromboli und Vulcano

Zeitungsberichten: »Sie blicken mit Verachtung auf die Fremden, die herbeieilten, um das Schauspiel zu besehn.«
Es werden nicht viele von unsern Landsleuten unter diesen Fremden sein. Hin und wieder einer oder eine, die soviel Geld haben, daß sie selbst bei diesem Marksturz ins Land der Goldorangen reisen konnten. Sie werden herrlich gekleidet sein und beinah wie Amerikaner aussehn. Aber soviel Zutrauen habe ich in deutsche Art – und an diesem Johannistag besonders –, daß ich weiß, dieser Firnis wird von ihnen abfallen, wenn sie das Elend sehn, das da ankommt, allerlei wird ihnen einfallen, was ihnen daheim abhanden kam, sie werden ein Kind schleppen, ein Bündelchen Kleider, einem alten Muttchen weiterhelfen und dazu beitragen, daß in ein paar bedrückten Herzen dort das Wort »Tedesco« wieder einen andern Klang bekommt.

AUF SOMMERFAHRT

Wasserdunst, tiefe, ziehende Nebelwolken im Weststurm vor einem blassen Himmel. Deutlich spürbar im Wind, der um das Giebeldach des kleinen weißen Landhauses braust, der Salzgeruch der Nordsee. Die Efeuranken an der Balkonwand flattern im Wind, wie ich mit Jochen hinaustrete. Jochen, meinem angebeteten Hanseaten, dem Herzkäfer unter der Schar meiner blonden und braunen Patenkinder. Er ist purpurrot vor Erregung, er zupft mich am Rock, er ergreift Stinas Staubtuch. Da, da! schreit Jochen und klettert, so rasch wie seine Rundlichkeit es gestattet, auf den Stuhl. Unter uns liegt das Terrassengärtchen mit Rosen und Buchsrabatten, neben uns die anderen schmalen Gärtchen und das an den Hügeln hinaufkletternde Häusergewirr Blankeneses. Jenseits des Strandwegs, hinter dem Bollwerk des grünen Vorlandes flutet die Elbe, breit wie das Haff, bis zu dem grünen Wiesenufer der Marsch. Schimmernd silberhell, bläulich und grau wie ein riesiger Fischleib. Da, da! sagt Jochen und winkt begeistert. Von dort her, wo die großen Stahlgerüste der Deutschen Werft filigranfein vor dem hellgrauen Himmel stehen, kommt das große Schiff. Führt es eine deutsche Flagge? Ja, Gottlob! Und nun winke ich auch, und unten im Vorland winken die Kinder, und auf dem Schiff, dem großen, himmelhohen, herrlichen Schiff, diesem Wunderwerk, das da über die Elbe gleitet hinaus ins Meer, in die Welt – wehen ein paar weiße Tücher. Jochen sieht zu mir auf. Er ist sehr erstaunt. Warum winkt die Tante Agnes nicht mehr? Warum sieht sie so anders aus? Und sein kleines Gesicht, weich und rosa wie ein Blumenblatt, schmiegt sich zärtlich tröstend an meins, während er immer noch mit dem Staubtuch winkt. Die Segelboote unten tanzen, die Kinder rufen, Möwen kreischen, und ich halte Jochens niedersächsisch blonden Kopf in meinen Armen und sehe dem Schiff nach, das unsere Farben führt und so sicher hinausgeht in die Welt. Und eine fröhliche junge Stimme (nein, eine S-timme), die Stina, dem hübschen Zweitmädchen, gehört, sagt s-tolz und ein ganz klein bißchen s-pitzbübisch hinter mir: »Ja, nich? Hambuch ist schön!«

DAS ALTE GUT

Es liegt tief im Land abseits von dem Bimmelbähnchen, weit fort von der Haltestelle der großen D-Zug-Linie, zu der es hinkeucht. Es liegt hinter den Wäldern, die der Reisende aus dem D-Zug-Fenster erblickt, wenn er aus der zugigen, offenen Halle herausrollt und sich wundert, daß es in dieser Einöde Menschen gibt. Da sein müssen sie, denn er sieht bebaute Felder. Er tröstet sich, daß es halbwilde Stämme sind, Landarbeiter ohne irgendwelche geistigen Bedürfnisse, wie er, der Kulturmensch sie hat, der jetzt wieder zu den spannenden Erlebnissen des berühmten Detektivs greift. Denn warum soll er seine kostbare Zeit vergeuden, um in eine gottverlassene Gegend zu starren, deren Name »Hinterpommern« ihm so was sagt wie Sahara und Posemuckel in eins?

Lieber Reisender, es würde dir gar nichts schaden, wenn du hinaussehen würdest. Du würdest nämlich entdecken, daß dieses Land schön ist. Du würdest seine reine, starke Luft atmen, die wie Bergluft weht. Der Zug steigt und steigt, wie im Gebirg. Weit siehst du über riesige Wälder, über langgeschwungene, großlinige Hügelketten, über tief eingeschnittene, breite Täler, aus denen große Seen silbern blinken. Und etwas wie ein Erinnern würde in dir aufwachen, durch dein übermüdetes Großstadtgehirn würde es zucken, als hättest du all dieses schon einmal gesehen, als du fröhlich warst und sorglos und jung, ganz jung. –

Tief hinter den riesigen Wäldern liegt das alte Gut. Erst rattert man mit dem Wägelchen ein Endchen gepflasterten Weg, dann kommt Landweg mit Quitschen und

Birken, und dann sieht man über Eichen und Linden das schindelgedeckte Rokokozwiebelchen der kleinen Kirche, der sehr kleinen Kirche, die der Minister des alten Fritz, der einmal dies Gut bekam für treue Dienste, da erbaut hat. Kein Mensch könnte trotz seiner Kleinheit »Kapelle« zu diesem Gebäude sagen, das außen roter Backstein und innen bläulichweiß getüncht, allsonntäglich die liebende Gemeinde von Gut und Dorf vereint. Wenn Gebäude ein Leitmotiv hätten, hieße es hier: »Aufklärung ist gut, aber Sonntag ist besser«.
Doch ich will nicht von der Kirche erzählen, nicht von dem Gutshof, der so aussieht wie alle Gutshöfe im Osten Deutschlands, nicht von dem Haus. Es könnte auch bei uns stehn mit seinem gemütlichen breiten Dach; aber in Ostpreußen wäre doch der hölzerne Wolm nach der Auffahrt zu größer und behaglicher, und es wäre bestimmt irgendwo die ihm verwandte Veranda angebracht. Diese Überleitungen vom Haus zur freien Natur, die bei uns noch das kleinste Bauernhaus besitzt – als Vorplatz, als Galerie, als laubenartigen Anbau –, die fehlen hier überall. Ställe und Scheunen haben weniger und kleinere Fenster als bei uns, sehen nüchterner und trotziger aus, wenn man auf sie zufährt.
Vor dem Haus stehen zwei große alte Kastanien an der Auffahrt, rund wie Glocken. Woanders wären sie der Stolz des Hofes. Aber hier kommen sie nicht auf; denn an der Gartenseite steht der alte Nußbaum, das »Naturdenkmal«, ehrfurchteinflößend und gewaltig.
Grünliche Dämmerung füllt die großen Zimmer des Hauses. Ein namenloser Baumeister, gewiß ein Maurermeister aus dem winzigen Landstädtchen, hat es mal

gebaut. Aber wie schön sind die Maße der Zimmer, wie festlich ist der »Saal« mit den hohen Türen und den fünf schmalen Fenstern, durch deren leise spiegelnde Rauten, vor denen die Weinranken wehen, man nach dem Blumengarten sieht. Eine verschorene Lindenhecke trennt ihn von dem andern Garten. In Ostpreußen würde man Park sagen, wie zu all diesen Gärten im englischen Geschmack. Hinter der Hecke, von Buchsstreifen eingefaßt, selbst so festlich und gemütlich wie ein Saal, ist das Sommerreich der Obstbäume, der Beerensträucher, der Stauden und Sommerblumen. Nirgends gibt es solchen wasserblauen Rittersporn wie hier. Nirgends solch eine bunte Prozession von lachsrotem Phlox und tiefblauem Sturmhut, zwischen dem weiß und sanft die Madonnenlilien stehn. Sommerastern und Kokardenblumen, Mohn und Levkoien und Studentennelken, Jungfer im Grünen und Schleierkraut feiern mit in diesem Sommerfest. Durch den überreichen Segen an den Johannisbeerbüschen scheint die Sonne wie durch rotes Glas. O Sommerschönheit unsrer altmodischen Landgärten – wer hat dich schon besungen? Die schönsten »Parterres« vor sämtlichen Schlössern Europas und Indiens verbleichen vor deiner bunten Glut, werden zu mathematischen Schemen vor deiner Wohlgefügtheit, in die sich der Rotkohl und der Kohlrabi genauso organisch einfügen wie Rose und Dahlie.

Aber Gärten gibt es sonst noch, es gibt sogar solche mit einer weißen Frau, wie diesen hier, wo sie zwischen Himbeeren und Brennender Liebe im Mondschein wandelt und die Hände ringt, »wenn einer aus dem Haus« sterben wird. Es ist erhebend für einen ganzen Hof, im Besitz eines richtigen Gespenstes zu sein. Aber

es ist weniger erhebend, ihm zu begegnen. Weshalb dieser Teil des Gartens denn auch am Abend von Mensch und Tier gemieden wird. Denn es ist eine Sage, von Stadtleuten aufgebracht, daß nur der Mensch, von törichten Kinderfrauen eingegrault, sich gruselt.
Das Gebiet der wankenden Seele grenzt der Brennereigraben ab; er riecht nicht nach Rosen, aber die Enten, diese Ferkel unter dem Geflügel, lieben ihn. Er rauscht hinter der Straße bergab wie ein Bach, er beeilt sich, durch den »Grund« zu kommen, und dann öffnet sich die kleine Schlucht und unten breit und lichtgrün liegt die Seewiese und dahinter, silbern, fast kreisrund liegt er – der See. Die Stubben der Erlen, braungelb wie Reizker, stehen am Ufer, Weiden hängen über das tintenschwarze Wasser. An dem steilen Hang rauschen Eichen und Schwarzellern über der jungen Tannenschonung, in der der Stolze Heinrich blüht. Von drüben an der Lichtung, wo das Haus des Jägers hinter der großen Pappel steht, kommt sein Boot mit der breiten, silbernen, gegabelten Spur. Ein Taucherpärchen duckt. Helle Ringe ziehen über das dunkelglänzende Rund des Sees.
Unergründlich tief ist er, dieser See. So tief wie unser höchster Kirchturm hoch ist. Sehr groß ist er, die gleichmäßig eirunde Form, die Belaubung der steilen Wände läßt ihn kleiner erscheinen als er ist, der Uralte, der hier zwischen vereisten Felswänden, zwischen Moränenschollen schlief, als Schnee und Eis dieses Land bedeckten. Damals war er grün wie ein Chrysopras, grün wie es heut die kleinen, runden Alpseen im Engadin sind.
Wenn man den steilen Hang zwischen Tannen und Di-

steln emporklettert, sieht man ihn immer wieder rund und silbern unten liegen, glänzend wie den »Spiegel der Diana«, den Nemisee. Dessen Geschichte kennt man. Die Geschichte dieses Sees ist verschollen, wir können nur wie Kinder nachstammeln, was er selbst in seiner Sprache, die nicht Menschensprache ist, uns vorsagt.

FORT VOM ALLTAG

Welcher Strauß ist der schönste von allen, der erste Primelstrauß im Frühling, der Feldblumenstrauß von der Juniwiese, wenn schon das erste Sensendengeln übers Feld klingt, oder der bunte, bunte Herbststrauß?

Da stehn sie oben auf dem alten Sekretär, die beiden Sträuße aus dem Bauerngarten, die mir neulich ins Haus flogen; der stille, goldene Schein der kleinen Kerze davor glänzt auf dem goldenen Rahmen des Bildes darüber, glänzt auf den Vasen und läßt das zierliche Gefieder der Goldruten vor der dunklen Tapete wie kleine Goldrispen schimmern. Eine fliederfarbne Federaster, ein gelber Goldball drehen sich dem Licht zu, der Seidenglanz der roten Malvenblüten, das lichte Karmoisinrot der Godetien blickt aus Grün und Gold, und über allem jubiliert das Orangegelb der Ringelblumen. Auf der andern Seite steht die bunte steirische Vase mit den Astern. Wie die Sonnenblumen nach dem Licht, scheinen sie alle ihre zarten Gesichter nach dem Kerzenschein zu wenden: dunkellila, bläulich, strahlend rosa, rötlich überhaucht und schneeweiß blicken sie in

das Licht, trinken es, bis jedes der zarten Blättchen golddurchschimmert aus dem grünen Kelch taucht. Eine ist ungefüllt und ihre goldene Blütenscheibe mit dem hellroten Strahlenkranz wendet sich mir zu wie eine liebliche Stumme, deren Holdseligkeit die Botschaft des Trostes, der Freude, der unvergänglichen Schönheit im Vergänglichen predigt, mit ihrer lautlosen Eindringlichkeit das Lärmen der Großstadt übertönend, das Brausen des Marktes, der drüben am andern Flußufer tobt und flutet, im grauen Menschenstrom, gepeitscht von dem Wind trostloser Notwendigkeit.
Sie alle, die dort so rastlos hin und her gehen, wollen etwas kaufen für Papierscheine in den unruhigen Händen. Sie alle haben im ängstlich hämmernden Herzen, im blutlosen Kopf irgendwo das Gefühl, daß es nicht richtig, nein, daß es ganz und gar unrichtig ist, immer an diese phantastischen Zahlen zu denken. Und sie lechzen tief in ihren ängstlichen Seelen nach etwas, was nicht wie Kohl und Kartoffeln und Talg nur grade da ist, den Hunger des Magens zu stillen. Und wer es irgend ermöglichen kann, geht hin und kauft ein paar Blumen.
Das freundliche, alte Fräulein mit dem stillen Gesicht, das der betäubende Duft und feuchte Dunst des kleinen Blumenladens gebleicht hat, und die wohl im Innern schon lange mit sich einig war, daß »in solchen Zeiten« nie jemand ihre Ware brauchen würde, wickelt wie immer Rosen und Nelken in Seidenpapier, und kniffelt und steckt die weißen Krepphüllen um die blühenden Myrthentöpfchen der Einsegnungskinder wie jedes Jahr. Und die Blumenfrauen auf dem Markt mit den Eimern voll Phlox und Astern und gelbroten Monbre-

tien bündeln schon ihre Sträuße, wenn die niedlichen kleinen Ladenmädchen mit den schicken Frisuren und bunten Streifenröckchen mittags aus den Warenhäusern wirbeln. Wie das schnattert, kichert, hin und her läuft, sucht und verwirft, bis jede einen Strauß erstanden hat und ihn prüfend und glücklich besieht beim Forttragen. Über die altklugen, stubenfarbenen Gesichter geht der Widerschein der Kinderfreude, das Lächeln der Seele, das wie ein Licht über die irdische Form gleitet, die sich ewig sehnt, von diesem Schein durchstrahlt zu werden, viel mehr als diese arme Form selbst es weiß, als die Allzuklugen es sehen wollen. Freude, Buntheit, Lebenskraft, bewegende Gefühle – alles, alles, was weit fort ist vom Alltag und seinen Nöten, das ersehnt diese gefangene Gegenwartsseele.

Mit demselben Lächeln sah ich neulich Hunderte von Gesichtern in das grelle Bogenlampenlicht des Zirkuszelts starren nach den blitzenden Metallringen, in denen lautlos sich die blonden Zwillingsschwestern in den hellen Seidentrikots drehten, schön und kraftvoll, die mit der Gewandtheit ihrer geübten Körper in den sich immer schneller drehenden Ringen im Gleichgewicht blieben. In den tausend glänzenden Augen, die ihnen folgten, stand Bewunderung, Freude, Entzücken – und ein ganz klein bißchen von jener beklemmenden Angst, jener gespannten Schicksalsfurcht vor dem Ersehnt-Vollkommenen, die uns eingeboren ist und die sich dann in Klatschen und Gelächter auflöst wie bei Kindern. Und wie Kindergesichter wurden plötzlich alle diese Gesichter, die so grell beleuchtet waren, daß sie fast aussahen wie die der weißgepuderten Spaßmacher, als die Kugelspieler, als der dumme August kam, als die

Parade der buntgezäumten Schecken durch die Manege trabte. Es war hübsch, das alles zu sehen, den Dunst von Sand und Pferd zu riechen, die uralten Späße zu hören, aber das Hübscheste war's doch, wie von all diesen Gesichtern der Alltag abfiel wie grauer Staub, wie sie auf einmal, diese von Not und Haß zerfleischten Menschen, einig waren in einem frohen Beifallslachen.
Nicht bloß das Lachen eint, es ist auch ganz gut, mal zusammen traurig zu sein. Nicht ein bißchen und über das Übliche, so betrüblich es auch ist, wenn Frau Schulze und Frau Neumann Frau Müllern erzählen, daß der Witwe Lehmann gestern nacht sämtliche Hühner gestohlen sind (in dieser Zeit!) – oder, daß Herr Lehmann senior sich mit den neuesten Tips geirrt hat –, nein, dies kleine Menschengemiefe weckt bloß die Liliputanergefühle eines blassen Mitleids und einer dünnen Schadenfreude. Ich meine das, was größere Zeiten und Menschen das Tragische nannten. Und ich denke an das junge, frische, wohlgenährte Schieberehepaar, das vor mir saß und zum ersten Mal den »Kaufmann von Venedig« hörte (von Scha–kes–pe–are). Wie sie von Akt zu Akt lebhafter wurden, sich an den Händen hielten, über Portias Klugheit lachten, sich über Shylock entsetzten, und wie die kleine Frau ihre Schokolade hinwarf und doch bitterlich weinte, als Jessica ihm fortlief, und zitterte, als der Betrogene schnaubend dastand, und wieder weinte, diesmal vor Glück, weil Portia es ihm so gut gab. O kleine, runde, rosige Frau, wie schön wurde dein Gesicht, als du dich da mit funkelnden Augen und gesträubten Locken umsahst, mit einem Blick, der geradewegs bis in den Himmel ging, in dem er sitzt, den wir William Shakespeare nennen!

Ja, und dann gestern im Kino! Nein, gewiß, es läßt sich viel gegen Kino sagen, ich weiß es. Und als ich hinging zu »Marie Antoinette«, da war ich wieder ganz mit mir einig, daß gewaltsam ums Leben Gekommene mindestens zweihundert Jahre lang unter einem »Schutzgesetz gegen Bedichten und Verfilmen« stehen sollten. Aber als ich die atemlose Spannung um mich sah, die Ergriffenheit, die Rührung vor der Gewalt eines Geschicks, dessen schaurige Größe durch alle Filmmache schimmert wie Titanenglieder durch ein Menschenkleid, als ich in den kurzen Pausen in all diesen Gesichtern etwas von dem sah, was über den Gesichtern fern in Attika in den Theatern lag, wenn unten die Eumeniden sangen – da dachte ich: er soll doch gelobt sein, der historische Film. Was wäre ihnen Hekuba, wenn sie nie von ihr hören würden? Was wäre der Ausgleich für Hekubas Jammer, wenn nicht immer wieder ein Auge drüber weinen würde? Und wie könnten wir armen Ameisen unsern Alltag ertragen und seine Not, wenn wir nicht von Zeit zu Zeit hören würden, daß Menschen mit noch viel mehr Glück als wir es je zu träumen wagten, so außer allem Menschenmaß leiden mußten wie eben Hekuba?

Nein, sage mir keiner etwas gegen den Film, der das alles so erzählt, wie es die meisten heut am besten verstehen. Und sage mir keiner etwas gegen den Zirkus. Es ist schön, zu lachen und zu weinen über das Außerordentliche. Aber am schönsten ist es doch, auf einen Blumenstrauß zu sehen. Und ich denke beinah – aber das liegt an meinem Alter – ein Herbstblumenstrauß ist der schönste.

SONNTAGSAUSFLUG

Wie ich nachts aufwache über dem Freudengetöse in dem benachbarten Artushof, wo eine schon sehr festlich bewegte Hochzeitsgesellschaft mit »Wir winden dir den Jungfernkranz« den Brautkranz austanzt, höre ich zwischen Gesang und Geigen das melancholische Geriesel in der Dachtraufe auf dem Hof. Aber verregnete Herbstnächte bringen die schönsten Tage. Freitag war's gut, und ich sage, grad während nebenbei nun wieder die modernen Rhythmen der Peruanerin dröhnen, schon im Einschlafen: »Morgen fahren wir doch ins Grüne!«

Denn, demonstriere ich am folgenden Sonntagmorgen meiner schnauzenlosen Kaffeekanne: erstens ist es gesund, mal andere als Pregelluft zu atmen (ich liebe ihn ja so sehr; aber daß er schön riecht, kann ich deshalb doch nicht sagen!), zweitens ist es heute noch billiger als nächsten Sonntag. Und drittens, wer weiß, was kommt und ob man überhaupt noch mal so was kann. Dieser letzte Satz ist nicht originell; jeder Leser kennt ihn, denn es ist die deutsche Übersetzung von heute für *après nous le déluge*.

Meine Kaffeekanne muckst denn auch nicht zu meiner Rede, sondern billigt sie stumm, meine Hausgenossin protestiert leicht mit Hinweisen auf den Wirtschaftsetat für die nächste Woche, die ich ebenso abtue wie größere Vorbilder, und so pilgern wir denn durch die stechende Mittagssonne über die Lastadie hinter andern weißbeblusten Gestalten her, die alle wie an einer unsichtbaren Schnur gezogen dem abseitigen Bahnhof zustreben, der noch genauso ungemütlich, gequetscht und verräuchert aussieht wie zu meiner Kinderzeit, als wir wie eine Schafherde erst in dem Holzverschlag der Regenveranda verstaut und gezählt wurden.

Es geht nicht so rasch mit der Fahrkarte, etliche besinnen sich, etliche fragen nur, und etliche benutzen (trotz der Anweisungen für abgezähltes Fahrgeld) den Schalter als Wechselstube. Dann trabt man auf und ab an den vollgepfropften Wagen entlang und jedesmal, wenn man eine Tür aufreißt und die wie Holzbilder starrenden Eingepökelten einen finster anblicken, wird man in dem Gefühl bestärkt, daß diese Insassen schon bei Abnahme der Waggons von der Fabrik fertig mitgeliefert werden. Wenn man zum dritten Mal die Wanderung antritt, findet sich aber noch ein Platz zwischen sehr viel Zigarrenrauch, zwei Paar staubigen Kindersohlen, einer feuchten Pinscherschnauze und so vielen Knien, als ob der *homo sapiens* ein Tausendfüßler ist. Wenn der Wagen zuruckst, probiert man sie alle aus! An der nächsten Station vermehren wir uns noch um ein kicherndes Liebespärchen, zwei furchtbar dicke Männer unbestimmbaren Berufs aber deutlicher Witwerdoppelringe, deren Gefunkel eine dicke Dame auch mit Doppelringen zu plötzlich strafferer Haltung bringt, und ein Ehepaar, das das Ehepaar mit dem Pinscher kennt und sofort ein angeregtes Gespräch über die Butter- und Milchpreise in Stadt und Vorort beginnt.

Mittlerweile wird es behaglich warm. Es ist deutlich zu spüren, daß die Seife, was sie an Stärke des Wohlgeruchs gewonnen, im Verbrauch eingebüßt hat, und daß nicht jeder Wandersmann sich mehr am Sonntag ein reines Hemd leistet. Ich habe Gesichte von der Preistafel im appetitlichen Gammschen Schaufenster und einem Kübel grüner Seife »mit Körnchen« und den Rechtecken rot und weiß und blau und weiß-marmorierter Seife. Die gehörte zu meiner Kinderzeit zum »Bad am Samstagabend«, genau wie der ein bißchen beizende Rosenduft des eirunden Stücks Seife, das Lina am Sonnabendnachmittag beim »Apotheker« bekam, wenn sie nach dem Buch unseren Wochenkonsum an Grieß, Graupen, Pfeffer, Sirup und Heringen beglich. Ja, schöne Zeiten, als jeder sich noch am Sonnabend waschen konnte, denke ich, bitte dem Pregel vieles ab und tröste mich mit dem Blick in die rötlich verschleierten überlegenen Pinscheraugen.

Da hält der Zug, die Holzbilder beleben sich – »Lieschen, dem Schirm, Fritzchen, dein Mantel schleppt, Papa, hast du auch die Fahrkarten?« All das Feldgeschrei der Ausflügler tönt um mich, während wir dickflüssig wie Kuchenteig durch die Sperre rinnen und uns da sofort, einig wie die Masse es ist, wieder stauen, um die Abfahrtzeiten der Züge zu studieren, obwohl wir es alle vorher wußten, daß nur einer um 7 geht. Dann trotteln wir alle die gleiche Straße weiter, einträchtig wie in Urweltstagen, wenn wir dem Anführer der Horde zum Tränkplatz folgten. Es ist zwar kein Urwald mehr, sondern eine sehr gesittete Ansiedlung – die sich nach dem furchtbaren Beispiel Berlins eine Villenkolonie nennt statt Landhaussiedlung oder einfach Vorort –, durch die wir ziehen, aber ein paar herrliche alte Kiefern stehen noch drin. Früher konnte man unter ihnen wandern, es gab auch hier und da Bänke. Die Bänke scheinen schon längst den Weg allen Brennholzes gegangen zu sein, und von Lagern und Hängemattenanbringen ist hier in der Nähe keine Rede, hier ist alles

Parzelle, Stacheldraht, mit und ohne Laube, und überall wird gebuddelt, gebastelt und gezimmert, es klingt wie das Hämmern von Riesenspechten.
Wir wandern alter Tradition gemäß, getrennt vom lauten Schwarm, zwar nicht nach Eleusis, aber nach dem Forsthaus hin. Es ist schon längst kein Forsthaus mehr (ach, die lieben alten Forsthäuser Groß Raum, Hirschau und die andern alle, wo man bei Milch und Schmand und Glumse auf den schmalen Holzbänken so bescheiden vergnügt war!), es ist das richtige Kaffeelokal geworden mit rotbunten Decken und weißjäckigen Kellnern, die trotz flehentlicher Bitten des durstenden Publikums erst nach einer halben Stunde kommen, wenn die Gäste durch die Mückenschwärme schon in den Zustand der duldenden Demut gekommen sind, die vom Leben nichts mehr erwarten als eine gute Gelegenheit, sich zu kratzen. Es gibt auch hier wie in jedem Lokal die beiden Typen des deutschen Obers: den hoheitsvoll gewandten und den ungeschickt-wohlwollenden. Wir haben den wohlwollenden (der, wie alle seiner Art, sich zweimal verrechnet). Als der junge Ehemann am Nebentisch zur Erbauung von Gattin, Schwägerin und kleiner Tochter den fünften Schnaps vertilgt und nun in sichtlich verbesserter Sonntagslaune zum Bier übergeht, versorgt der Wohlwollende seine Damen und uns mit sehr dicken Tassen, aus denen eine braune Flüssigkeit wie aus übervollem Brunnenbecken in die Untertassen läuft. Woraus man sie in die Tasse zurückbefördert mit der Andacht, die solch verschütteter Kostbarkeit gebührt. Dann trinkt man den Absud, von allen Betrachtungen abgelenkt durch Wedeln mit dem Taschentuch und heftiger Fußgymnastik und einem

Neidblick auf das Liebespaar in der Laube, das Zigaretten raucht und so tut, als ob es keine Mücken gibt. Dafür gibt es Hühner, eine Musterschau ostpreußischer Rassen, die irgendwie wittern, daß man Kuchen ißt, und zutraulich gierig wie Kinder herumhopsen und sich um die Krümel des wirklich lobenswerten Mohnstriezels balgen. Hühner waren hier immer, aber Ziegen gab es früher nicht; die drei angepflockten, die wir im Wald treffen, als wir nun um mehrere Millionen erleichtert weiterwandeln, die kannte man hier nicht in jenen Tagen, als auch der bescheidenste Ostpreuße seinen Milchtopf mit guter Kuhmilch auf dem Küchenfenster hatte und Ziegen für eine Naturmerkwürdigkeit hielt, die nur an Bahndämmen vorkommt.

Wir wandern, immer heftig mit dem Taschentuch und einem Erlenzweig winkend, durch die Parzellenstraßen und sehen uns die Augen aus nach Gelböhrchen, die hier mal in Urzeiten gediehen. Dazwischen geben wir den säuselnden Kiefern unsere Meinung über jedes Haus und jede Holzlaube zum besten, welches wir haben und welches wir nicht haben möchten und wie wir dann seine Läden streichen und womit wir seine Blumenkästen bepflanzen würden, all diese Weisheiten, die mit der Sicherheit eines mathematischen Gesetzes folgen, wenn der Besitzlose am Zaun des Besitzenden steht. Man glaubt nicht, wie lange man sich damit ergötzen kann (ach, jeder Politiker wird wissen, wie lange!!) und wie fördernd es ist, da die am Zaun *immer* einer Meinung sind, von Besserwissen und einer idealen Hoffnung auf den Besitz angenehm befeuert.

Nach zwei Stunden Fächeln und vergeblichem Ausschauen nach einer Bank, zwei ebenso vergeblichen

Versuchen, auf dem regendurchweichten Waldboden zu lagern, nach dem Genuß von sechs unreifen Preißelbeeren wandeln wir bahnwärts durch die sinkende Dämmerung. Wieder wie an unsichtbarer Schnur kommen die Mitmenschen an. Die Sperre ist noch geschlossen, wir sitzen todmüde von der frischen Luft auf der niedrigen Holzeinfriedung des Bahnhofswäldchens und sehen im Licht der aufflammenden Bogenlampen alle wie Gespenster aus.

Es ist empfindlich feucht, und ein eisiger Nachtwind fährt oben durch die Kiefernkronen, die menschenfeindlich knarren, wie Wasser brausen und das Herz der Großstädter mit halbvergessener Urwaldangst erfüllen. Mollig wird einem erst, wenn man nun wieder ganz als brave Herde durch die Sperre drängelt und, zum Sturmangriff auf die Wagen bereit, sich auf der Plattform aufreiht, während immer neue Herden endlos durch die Sperre drängen. Der scharfe Torfgeruch der Heidekrautsträuße quillt von überall, aus klappernden Marmeladeneimern dringt der Würzduft der Pilze. Übermüdete Mamas rufen ihre hin- und herzappelnden Kinder zur Ruh.

Dann kommt der Zug mit den Feueraugen, freudig begrüßt wie ein zärtlich gehätscheltes Hausuntier. Ich verwandle mich plötzlich in einen willenlosen Spielball höherer Mächte, finde mich auf einem Eckplatz wieder, hoffnungslos bedrängt von einer Siebenzahl sehr jugendlicher und sehr prächtig gekleideter Jünglinge, die mit vorbildlichen Verbeugungen sich köstliche Zigaretten anbieten und dann, genau wie kleine Kälber, zum offenen Fenster hinausstarren in die plötzlich rabenschwarze Nacht. An der andern Seite des Wagens starren ein paar junge Mädchen in bunten Jacken ebenso gedankenlos ins Finstere. Beide Gruppen wundern sich laut und leise über das Rauch- und Alkoholverbot des Sportvereins, den sie heute mit ihrem Besuch beehrten. Die junge Frau neben mir besieht ihre Pilzernte, zu deren mörderischer Vollkommenheit nur eine kleine Kreuzotter fehlt, und entschließt sich seufzend, zu Hause doch noch ihre Nachbarin zu fragen, ehe sie sie kochen wird. Zwei todmüde kleine Steppkes gähnen ansteckend durch den ganzen ratternden Wagen, und ihr Papa, dessen gutes rosiges Gesicht unter der grellen Lampe auf uns alle herablächelt, wie er da sanft schwankend an dem grauen Gurt hängt, sagt behaglich: »Kinder, wie schön, daß wir nun gleich zu Haus sind. Wald ist ja ganz gut – aber zu Haus ist zu Haus!« Und das ganze Coupé murmelt Beifall, sogar die schicken Jünglinge können nicht umhin, mit einer Geste, die jedem Filmheros Ehre machen würde, ihre Zustimmung auszudrücken zu diesem Satz, der so unpathetisch die besten Ideale der deutschen Seele ausdrückt.

ABSEITS

Dies Jahr war ein gutes Blütenjahr für den Rotdorn, und wie alle Jahre fragte ich Freunde und getreue Nachbarn, wenn sie ihre Frühlingsbegeisterung äußerten: »Wo steht der schönste Rotdorn in Königsberg?« Ein Teil schwieg oder zuckte die Achseln. Ein paar sagten schüchtern: »Auf Königsgarten.« Denn der Paradeplatz ist der volkstümlichste Naturersatz meiner Mitbürger. Eine sagte triumphierend: »Am Luisentheater!« und eine Jemandin, die an der Schloßpromenade wohnt und ihn daher täglich in seiner Herrlichkeit vor Augen hat, besann sich nach längerer Aufmunterung auf den schönen straußartigen Rotdorn im ehemaligen Hayschen Garten, den der jetzige Besitzer beim Umbau des Hauses so liebevoll geschont und zum herrschenden Mittelpunkt des Terrassengartens gemacht hat. Nun, diese beiden weißen Räbinnen seien gepriesen; wenn sie auch auf heftiges Befragen *nicht* sagen konnten, ob ihre Bäume rote oder rosa Blüten trugen. Aber den schönsten Rotdorn hatten sie nicht genannt, und wie ich nachfragte, kam es heraus, daß sie nie in seiner Heimat gewesen waren. Er steht, liebe Landsleute, riesengroß und alt und würdig vor dem Zoologischen Museum. Und nun höre ich schon die Antwort: »Ja, in *die* Gegend komme ich *nie*.«

Liebe Mitbürger, es ist immer ein Zeichen von Großvaterlosigkeit, wenn man seine Familie nicht kennt; und Vaterstadt ist auch Familie. Es steht nirgends geschrieben, daß man ein besserer Mensch wird, wenn man, wie die Straßenbahn, nur eine einzige vorgeschriebene Linie abläuft. Auch der Beruf läßt Zeit zum Hakenschlagen, die wir ja nur machen, wenn wir mal außerhalb unseres Wechsels auf Besuch gehen. Geht mal zu Königsberg auf Besuch! Auch ihr, geplagte Hausfrauen, pendelt mit euren Sprößlingen nicht immer vor den Cafés des Schloßteichs rum oder um euer Stammplatzdenkmal, sondern geht mit ihnen auf Entdeckungsreisen und bringt ihnen und euch Heimatkunde bei. Es wird euch auch im Glacis keiner die Handtasche entreißen (Papier macht nicht glücklich!) und keiner nach eurem Liebling trachten. Ihr werdet aber viele Menschen und ihr Getriebe sehen, ihr werdet lauter Hübsches sehen, Straßenbilder, alte Türen, alte Höfe; werdet Alltag und Preislisten vergessen über der reinsten Entdeckerfreude und werdet nach Hause kommen und wie jeder, der eine Reise tut, was zu erzählen haben.

Wie wär's, wenn ihr mal hingeht und den Rotdorn aufsucht? Da müßt ihr erst an der Neuroßgärter Kirche vorbei an dem Postament, von dem der Bischof Borowski fortflog. Ist es hier nicht hübsch? Die alten Pappeln rauschen, von den Kliniken und dem alten Frauchenstift liegt hier ein stiller Hospitalsfrieden in der klingend reinen Luft. Und nun bleibt stehen und horcht; das ist die Stimme dieser abseitigen Gegend: das feine Vogelgezwitscher. Im Frühling pfeift und tiriliert es überall. Aber selbst jetzt im Herbst tönt es noch von leisem Getriller, von Meisen und Rotkehlchen. Eine Schwester, die eine schwerfällige junge Frau spazieren führt, ein Jungchen mit verbundenen Ohren an Mutters Hand, zwei junge Leute von unverkennbarem Medizinertypus, mit Mappen unterm Arm, ein flachzöpfiges Mädchen, das Brot eingeholt hat, einen Gemüsekorb und ein kleines Schwesterchen schleppt, alles wandert vor und unter den noch grünen Linden am Stift vorbei, an dem Zaun des Botanischen Gartens entlang, nach der Besselstraße.

Nein, in das Zoologische Museum gehen wir ein andermal. Aber besieh es dir, kleine Hausfrau! Wie würdig ist es in seiner Schlichtheit, mit dem großen Dornbusch vor dem hohen Wolm.

Wir gehen durch das Pförtchen in den Botanischen Garten. Der Herbstnebel tropft von den langen Nadeln der alten Kiefern. (Warum, o ihr Villenbesitzer, pflanzt ihr immer wieder die alles andere totschreienden Blautannen statt dieses ausdrucksvollsten Baumes, dessen ernste Schönheit Japaner und Engländer in ihren Gärten so weise verwenden?) Und zur Linken steigt herb und bitterlich der Geruch der nassen Eibenbüsche in die weiche Luft. Die hellroten Beeren funkeln aus dem schwarzgrünen Gewirr. Betrachte sie mit Ehrfurcht, junge Frau. So fremd ist uns die Eibe geworden, daß du sie nicht zu nennen wüßtest, wenn dein Kind danach fragt. Ach, wie vieles aus Wald und Feld, du Arme, kennst du nicht mehr! Aber *dies* solltest du kennen. An dem Namensschild könnte gern noch stehen: heilig, geheimnisvoll, uralt und dennoch verworfen, denn wir haben ihn ausgerottet, den Nadelbaum, aus dessen Eisenholz unsere Vorväter ihre Bogen schnitzten, dessen furchtbares Gift sie fürchteten, dessen Alter sie staunend verehrten. Wie die alten Feldgötter ist er vor den Menschen geflohen in ferne Harztäler, in abgelegene Heidegründe oder hat sich unter den Schutz stiller Klosterhöfe befohlen. Wo du ihn findest, sieh ihn mit Ehrfurcht an und halte die Kinderhand zurück, die an seinen zähen Zweigen reißt.

So, und nun komm weiter, durch den kleinen Grund mit dem Teich, um den »die atlantische Sumpf- und Wiesenflora« wächst. Hörst du die Vögel? Auch oben am Palmenhaus schiepst und singt es. Und in der Hauptallee, wo der hellrote und lila Phlox so festlich unter den Sorbusbäumen glüht, wandelt Hand in Hand ein niedliches Liebespärchen, und grad über ihnen, zartgrün schimmernd, taubenumflattert, steht unser hübschester Kirchturm vor dem silbergrauen Himmel als angenehmste Verheißung.

Wir wollen uns nach der anderen Seite verteilen, nach den Beeten an dem Steingarten. Schön sieht er nicht aus. Ich habe die Überzeugung, daß man die Weisheit auch mit den Segnungen moderner Steingartenkultur vereinen könnte, aber da ich selbst mal einen Garten bebaute, so weiß ich auch, daß nicht alle Blütenträume reifen!

Schlimm ist auch das Institut oben auf dem Hügel; wie schön wäre hier ein altes Biedermeierhaus, wie würdig noch eins wie das Zoologische Museum. Dieses sieht täuschend wie ein Kleinstadtbahnhof aus den achtziger Jahren aus, seine schmutziggelben Ziegel mit den dunklen Steifen, seine grauen, zu großen Fenster zerstören fast den Eindruck des alten Gartens.

O Kriegsrat Scheffner, der diese Linden, der diese Kastanien und Pappeln und Schwarzerlen pflanzte, sei gesegnet noch in deinem Grab. Du vermittelst den Kindern einer ganz anderen Zeit noch etwas von der Naturliebe deiner Zeit, von ihrem Verständnis für die grüne Welt. Auch das gelbe Haus oben, auch die Steingartentrübsal, ja selbst die roten Fabrikgebäude hinter der nackten Mauer am Gemüsegarten können nicht den Eindruck deines Werkes zerstören, die sanfte Holdseligkeit, die ernste, ein wenig betrübte Feierlichkeit dieses alten Gartens, in dem jede Baumgruppe, ja jeder Baum zu seiner Wirkung kommt und doch das Ganze hebt. Wie schön stehen die dunklen Wipfel um die Gedächtnisurne für den ermordeten Gelehrten! Eine Kette ist vor den kleinen, blätterverwehten Steinpfad gespannt, als ob »ein fromm Gedenken« an einem schönen Platz jemandem schaden könnte.

Doch schon von hier unten sieht man über dem Gewirr

von roten Mauern, Dächern und Schloten ferne einen eisernen Turm in die Luft ragen, schlank wie ein Lilienstengel, anmutig-elegant wie eine Pagode, mit Porzellantülpchen behängt wie sie; der Träger eines Hochspannungswerkes, vollkommen in seiner Art und darum erfreulich als Fernsicht aus diesem alten Garten. Und nun komm an die Goldrutenwildnis des Abhanges, an den Gewächshäusern und dem putzigen Agavenbeet vorbei, hinaus aus dem alten Garten. Vogelzwitschern klingt noch in das Klirren der alten Tür. Nun gehen wir links an der alten Sternwarte vorbei. Ja, hier ist gut wohnen in dem kleinen gelben, gemütlichen Haus. Denkst du nicht, du siehst eine Professorenwohnung in einer mitteldeutschen kleinen Universitätsstadt? So im Grünen liegt es, so steigt der Weg durch Büsche und Beete. Und unten liegt das Kinderkrankenhaus. Und jetzt sage ich beinah: Pfui, schäme dich, kleine Mama, daß du das nicht weißt! Denn viele, viele Mütter sind hier mit schwerem Herzen hingepilgert, mit einem kleinen Bündel Jammer im Arm. Und viele sind herausgekommen mit einem zappelnden, kreischenden, vergnügten oder einem im Genesungsschlaf sanft druselnden. Und du hast nie gewußt, wo dieses Haus steht? Hier am Volksgarten? Hier wird gebaut und gebastelt, und darum gehen wir nicht zurück durch den feuchten grünen Grund, sondern quer über den ehemaligen Wall. Sonnenblumen stehen überall in den Gärtchen, überall werden Kartoffeln gebuddelt und die Feuerchen rauchen. Unten liegen Geleise in der tiefen Schlucht. Da wird einmal die Stadtbahn fahren durch ein neues Königsberg. Wie grün ist das junge Gras am Abhang!

Aber was singt da? Das ist keine Weise. Und wie wir aufblicken zu dem sonderbaren roten Häuserkomplex, dem Überrest des Wallturms, der da wie eine Kreuzung von Mietskaserne und römischem Grabmal aus dem braunen Acker ragt, da singt es glockenrein, ein bißchen schrill und strahlend vergnügt über unseren Köpfen in die beste Herbstluft, wie Elfenmusik. Ja, da sitzt er oben in dem tiefen roten Fenster, schlank und flachsköpfig und spielt – wahrhaftig er spielt auf drei Drähten an einem Besenstiel, die er über eine alte blecherne Heringsdose gespannt hat. Und er singt wie ein Engel, dieser erfindungsreiche Knabe da oben!
Nun sage mir, kleine Hausfrau, hast du so etwas schon mal auf dem Paradeplatz erlebt? Dreh dich noch einmal um. Der Wind saust, du hast ganz rote Backen bekommen und blanke Augen. Sieh, da über dem Volksgarten grüßt dich noch einmal der zierliche Neuroßgärter Kirchturm aus seinem grünen Reich.

EIN BISSCHEN FREUDE

Sie gehn vor mir her, puppenzierlich angezogen in warmen Herbstkostümen, mit hübschen Hütchen, mit tadellosen Schuhen, die modernen kurzen Schirme mit dem plumpen Griff in den lederbezogenen Händchen – drei Backfische, denen man es ansieht, daß ihre guten Papas sehr bemüht sind, ihnen das Leben angenehm zu gestalten. Aber wie ich sie jetzt überhole und mich auf den Anblick frischer, lachend sorgloser Jugend freue, werde ich schwer enttäuscht. Alle drei, die

Dunkelblonde, die Flachsblonde, die Nußbraune, zeigen denselben Ausdruck grämlichen Mißbehagens, der die jungen Gesichter sonderbar verwaschen und alt macht.
Die Braune stößt mit dem Schirm aufs Pflaster und stöhnt mit jenen Äh- und Oh-Lauten, die dem Ostpreußen so ausdrucksvoll zur Verfügung stehn. Und alle drei schieben die Unterlippe vor wie bockende Kinder. Ach, daß ich einen Spiegel hätte, um ihn rasch diesem Kleeblatt vorzuhalten. Er würde sagen: »Ihr seid satt, ihr seid warm, ihr seid jung, ihr könntet hübsch sein ohne diese üble Laune. Schüttelt den ›Winter eures Mißvergnügens‹ ab! Oder tragt ihr ihn wie die kleinen Samthütchen nur als die letzte Mode, die dem Deutschen in die Augen stach?«
Fast scheint es so, denn wie ich herumsehe, aufmerksam geworden durch das trübselige Dreigespann, begegne ich überall ihrem Aussehen – der vorgeschobenen Unterlippe, den hängenden Mundwinkeln, dem stumpfen Blick, der aufs Pflaster starrt. Gewiß, ich gebe es gerne zu, daß wir alle keinen Grund haben, balkenhoch zu springen. Aber, liebe Mitmenschen, sind wir deshalb gezwungen, unser Gesicht zu verschandeln, bis seine Linien ganz von selbst diesen greulichsten Ausdruck annehmen?
Es verschönert dich nicht, kleine Hausfrau, wenn du mit dieser Flunsche herumläufst, und wird deinen Mann nicht freudiger stimmen, seine Millionenscheine herauszurücken. Es macht deine Kleinen nicht artiger, wenn du sie so mürrisch anfährst, und liebenswürdiger werden sie bestimmt nicht durch den Umgangston ewiger Vergrätztheit. Es macht das Stehen in der Schlange

nicht unterhaltsamer, wenn jede jeden anstarrt wie eine Meduse, und dreißig erbitterte Augenpaare den kleinen Laufjungen erdolchen, der es versucht, auch in die dumpfe, von Sauerstoff weit entfernte Luft einer menschenüberfüllten Posthalle etwas von seiner Kinderlust an Spaß und Lachen zu bringen. Statt daß ihr alle diesem Jungen dankbar wäret, der allein noch wagt, ein Mensch zu sein. Denn nicht die schlechte Laune, sondern das Lachen unterscheidet uns vom Tier.

Behängt die Nacktheit eures Mißmuts nicht mit dem Lumpenmantel der schweren Zeit. Seht euch um: die, denen es am schlechtesten geht, die Alten, die überall an den Ecken stehen und betteln, zeigen sie euren verzerrten Ausdruck? Alter und Not spricht aus den verfärbten Augen, den gekrümmten Gliedern und verblichenen Kleidern – aber auf ihren von jahrelangem Hunger wächsernen Gesichtern steht nicht eure bissige Verstimmtheit, die eure Gesichter zu einer häßlichen Maske verzieht. Da blickt Ergebenheit und Ruhe, blickt Menschenwürde. Es scheint, daß jene Generation auch in langer Prüfung schonsamer mit dem Ebenbild Gottes umging als wir es tun.

Ach, streicht die Falten weg, lächelt ein bißchen, seht um euch! Es gibt wirklich selbst noch in der Stadt alles Mögliche zu sehn außer den letzten Börsenkursen im Fenster des nächsten Bankhauses. Brecht nicht in Gezeter aus, wenn ihr wegen der »wieder aufgerissenen« Straße 20 Sekunden lang herumgehen müßt. Gebt noch fünf Sekunden zu, bleibt stehn, beseht euch Grand und Pflaster, bewundert die Arbeiter, die es einstampfen – man kann das mit fünfzig Jahren noch mit ganz demselben Genuß tun wie mit fünf –, und dann denkt beim

Weitergehen: Ja, das machen wir jetzt, wo es uns *so* geht. Und Wien bildet sich was drauf ein und alle Zeitungen schreien es aus wie eine Totenerweckung, daß es jetzt, wo sein Geld sicher ist, endlich drangeht, Straßen neu zu brücken und Häuser abzuputzen. Sieh dich bei uns um; auch du Fremdling in unsern Toren, der so mundgewandt versichert, daß wir östlich pauvre aussehen – wo, ich sage, wo in Deutschland sieht man so viele hübsch abgeputzte Häuser? Und wo wird so viel gebaut wie in Königsberg?
Der so lange leere Gürtel zwischen Steindamm und Hufen schließt sich. Hinter den Strandbahnhöfen wachsen die Häuser in die Höhe. Wie Arme greifen die Straßen der Siedlungen ins Land. »Das ist doch bloß für Beamte; das nutzt gar nichts«, knurrt Mißmut neben mir. Aber soviel ich weiß, wandeln auch Beamte immer noch in voller Leiblichkeit zwischen uns. Und mit jedem von ihnen, der hier unter Dach und Fach kommt, gewinnt ein anderer Städter Luft zum Atmen. Und wenn hier Privathäuser wachsen, »ach, das ist man bloß für Reiche!«, so wohnen doch auch in ihnen Menschen, die allerlei Dinge zu des Lebens Nahrung und Notdurft nicht nur brauchen, sondern auch von den Herstellern kaufen; und die bestimmt Bohnen und Kohl in ihrem Garten bauen werden. Alle diese neuen Häuser, all diese Gärtchen, diese Lauben rufen es laut hinaus in den klaren Herbsttag: Wir sind ein ordentliches Volk! Auch wenn wir selbst es nicht mehr von uns glauben wollen und über uns Gesichter schneiden wie Frau Loth vor Sodom – wir sind es doch und geben uns nicht auf. Wir bauen, wir streichen, wir scheuern, wir bringen Gardinchen an, wir pflanzen und graben, wir stopfen über-

all hin noch einen Zierstrauch und ein Blümchen! Und wenn uns keiner sieht und unsre urdeutsche Angst vor der Meinung der anderen fünf Minuten lang schweigt, dann getrauen wir uns sogar, uns an all dem zu freuen und lachen ein bißchen. Und entdecken mit Erstaunen, daß der Vorübergehende am Zaun nicht mit Glupen, sondern mit demselben halb unbewußten Lächeln wiedergrüßt. Und beide haben wir auf einmal das Gefühl, daß der Dollar zwar nicht gesunken ist, daß aber irgend etwas auf einmal anders geworden ist und leichter zu ertragen.

DIE FLUCHT ZU DEN GROSSELTERN

Als der Schrecken des Weltuntergangs über die Bucht von Tokio hereinbrach*, als die Erde sich auftat wie ein Höllenrachen, die Mauern wankten, die Flammen loderten, als das Todesgeschrei der Sterbenden durch das eherne Dröhnen der Vernichtung gellte – da, so stand es in den Zeitungen in einer kurzen Notiz, über die das Abendland hinweglas, begab sich der Prinzregent mit den Seinen in das Heiligtum seiner Ahnen, das von dem Verderben verschont blieb.

Denkt einmal über dieses Wunder nach! Gegen das Tosen der Vernichtung draußen muß der Frieden in dem dämmerigen Tempelraum, dessen altersdunkle Holzsäulen knisternd bebten, wie der Frieden einer heiligen

* Beim Erdbeben in Tokio 1923 wurden zwei Drittel der Bevölkerung obdachlos

Kapelle gewirkt haben. Die da drinnen knieten, Menschen, zerrissen wie das Fleisch es ist in der würgenden Todesangst der vom Element überwältigten Kreatur, waren doch gefaßt in einer Geborgenheit, die das höchste *irdische* Glück des Menschen bedeutet – die Zuflucht zu dem verwandten Geist und Blut, aus dem wir kommen. Hunderte, Tausende von Vorfahren bis zu der göttlichen Stammutter waren hier um sie versammelt, waren gegenwärtig, hüllten sie ein, waren ein Teil von ihnen, würden eins mit ihnen sein, wenn das Letzte kam. Und waren vereint stark genug, die zu schützen, die zu ihren Totentafeln flüchteten, als die goldenen, friedlich lächelnden Götterbilder stürzten, als die bestaunten Wunder der fremden Zivilisation zugrundegingen.

Auch über unser Volk dröhnt die Posaune des Erzengels. Auch unter uns wankt der Boden, auch um uns neigen sich die heiligen Bildsäulen, sinkt die abergläubisch angebetete Zivilisation prasselnd in Trümmer und zerschmettert in ihrem Sturz die Greisen und Unmündigen, und das Weinen unserer Mütter gellt wider an den ehernen Mauern, die die Feinde um unser Land türmten.

»Wo soll ich hinfliehen vor deinem Zorn?« Gewiß, Gott ist immer da für jedes Herz. Aber auch für uns alle steht der Zufluchtsort offen, in den das Haupt des fremden Volkes flüchtete, das Heiligtum der Ahnen. Nicht der große Dom, den die Geschichte des ganzen Volkes türmte, nein, das kleine warme, trauliche Sanktuarium der eigenen Familie, in dem auf dem Altar die Namen der Gestorbenen stehen, die für uns nicht tot sind, weil ihr Blut durch uns kreist, ihre Gedanken, ihre Wünsche und Fähigkeiten in uns leben, ihr Wesen unser Wesen ist, mit denen wir immer eins sind, mit denen wir eins sein werden nach der Zertrümmerung der äußeren Form dieses Wesens, sie, die der Arme wie der Reiche besitzt und deren Verkörperung für das Kind die Großeltern sind.

Denn ich meine nichts Übernatürliches. Ich will nicht alte Götzenpuppen anpreisen oder als Prophet für einen der mystisch mißverstandenen Religionsersätze auftreten, mit denen wir neben den anderen Plagen jetzt auch geschlagen sind. Ich meine etwas ganz Reales, eben die Großeltern. Es können sogar noch Lebende dabei sein. Aber ich meine sie nicht als Individualität, so liebenswert sie da sein mögen (besonders die Oma, die für die Erziehung mit Güte und Schokolade ist) – und ich meine sie als Sammelbegriff für alles, was Familie bedeutet und das Verehrungswürdige, das Schutz und Liebe Spendende für jeden, der dazu zählt, als Gewähr für das Dauernde, das unser lebendes kleines Ich tröstet in dem Tag des Schreckens, hier in der Urzelle unserer Familie. Ob sie nun Neumann heißt oder einen mit Ruhm und Ehren genannten Adelsnamen führt, hier sind wir alle das Gleiche: das *Kind,* auf das die anderen mit Stolz und Freude blicken, mit Liebe, die nicht nach dem Verdienst liebt, sondern nach der Hoffnung, daß wir alles Gute, alles Schöne, alles Erstrebenswerte vollenden werden, was sie nicht erreichten. Und dieses Erbe bleiben wir, bis wir selbst eines von ihnen werden. Uns »zu ihnen versammeln«, wie der Indianer es nannte, wenn er seinen Tod nahen fühlte und sich festlich bemalte, die Adlerhaube mit dem Riesenkamm der wehenden Federn auf dem Haupt, das

Beil in der Hand, seinen Sterbegesang anstimmte, um ihnen zu begegnen, wie es sich gehörte. Dieses feierliche Todeszeremoniell ist uns – einfache Landleute ausgenommen – ganz abhanden gekommen. Wir sterben kläglich alltäglich, mit der Morphiumspritze statt des heiligen Trunks, mit der Gier nach dem doch gehaßten Dasein im flatternden Herzen statt dem Gefühl der Verantwortung, mit bebender Angst – wenn wir es uns überhaupt vorstellen –, das Letzte wird Vernichtung und Fremdheit. Statt wie jene hinzugehen, vor einen gütigen Vater geführt von liebenden Händen, die uns vertraut sind.

Das ist es: sie *sind uns nicht* vertraut. Wir wissen nichts von ihnen. Von hundert Deutschen ahnen neunzig nur sehr dunkel, wer und was ihre Großeltern waren. Die zehn, die es wissen und von den eigenen noch ein lebendiges Bild bewahren von ihrem Wesen, ihrer Art, in Freundlichkeit und Zorn, reden nicht darüber. Und treiben sie Familienforschung, so ist es oft nur ein leeres Namenerfassen; oder wo es mehr ist, wo die Schicksalsverknüpfung, die im Aufblühen, Wechsel, Wanderung einer Familie liegt, den Forschenden in ihren Bann zwingt, da stößt er bei den nächsten und liebsten Angehörigen auf Unverständnis, auf Ablehnung, wohl gar auf Spott über seine »dumme Liebhaberei«! Es gibt sogar Menschen, die behaupten, für Geschichte und Kulturgeschichte Interesse zu haben, und die doch imstande sind, Familienforschung für Albernheit zu erklären. Sie haben sogar annähernd richtige Vorstellungen der Biedermeierzeit (die gar nicht so rosengeblümt-biedermeierig war, wie ein findiges Kunstgewerbe es uns einredet). Aber wie ihre eigenen Eltern

und Großeltern dachten und fühlten, wo sie wohnten, mit wem sie gut Freund waren, davon wissen sie so gut wie nichts!
Sucht alte Briefe vor, fragt alte, noch lebende Verwandte, fragt in der Stadt, durch die ihr reist, bei lange Fortgezogenen nach, studiert Photographien und Daguerreotypien, Kirchenbücher und Stiftsurkunden. Das klingt schwerfällig, mühsam. In Wirklichkeit ist es das nicht. Das erste Erfordernis, hier wie überall, ist: habt Liebe dafür! Dann hört und seht ihr vieles davon auf den ersten Blick.
Woher, du ruhiger Großkaufmann, hast du die südlich matte Haut, die dunklen Augen? Die hatte mein Vater, die haben meine Jungen, sagst du. Aber woher, unter euch Norddeutschen? Ja, das ist das Erbstück der Urgroßmutter aus der französischen Kolonie, deren reformierte Vorfahren tief aus der Provence nach Preußen kamen und als Handschuhmacher in der Französischen Straße angesiedelt wurden. Nicht nur ihre dunklen Augen, auch ihre Handgeschicklichkeit gab die Urgroßmutter weiter, die selbst so schön stickte, und deren Talent heute in deiner Jüngsten, der Kunstgewerblerin, wieder auflebt.
Das springlebendige Temperament deiner Ältesten, deiner Schwester, deiner kleinen Großnichte – wie kam es in eure ruhige Familie? Das gab mit der kleinen rundlichen Gestalt die andere Ahne ihnen mit, die kraushaarige Salzburgerin, die hinter ihrem lieben Rupp den schweren, schweren Weg aus dem eigenen Haus dort fortging in die grausige Fremde um des Glaubens willen. Sie lachte, als die Tränen über die Backen kullerten, wie sie das Häuschen auf der Bergwiese abschloß, sie

lachte, als es in Stettin aufs Schiff ging und die anderen Salzburger heulten und beteten »vor dem grausamen Wasser«, sie lachte und trillerte am ersten Tag in der schrecklichen Lehmhütte in der Niederung, wo sie als Einlieger mit ihrem Rupp bei dem litauischen Wirt unterkam und wo ihr erstes Kind geboren wurde. O du Sonnenherz, du Lerchenmund, der immer wiederkehrt uns finsteren Bären zum Trost, auch in dieser Zeit. O Tante Lenens Enkelkind, Familienverzug, sei gesegnet, kleines Zappelidol grad der Ehrbarsten von uns, die so aussehen, als wuchsen sie nicht in dem auf, was wir jetzt noch Luxus nennen. Alle mit der gesammelten Würde, der gefaßten Schlichtheit des Rechtgläubigen; die Quäkerin, die neulich hier die Gaben verteilen kam, wollte euch als ihresgleichen anreden, so sehr gleicht ihr den »Freunden«. Und wenn man euch fragt, wißt ihr es nicht einmal, daß noch euer Urgroßvater zur friesischen Mennonitengemeinde in Danzig gehörte. Nicht nur im Äußeren, im Innern gehört ihr zu jenen mit eurem eisernen Fleiß, eurer strengen Ordentlichkeit, eurer unerbittlichen Selbstzucht.

In alledem ist die Geschichte eurer Heimat und des Vaterlandes eingeschlossen. Wie die Portiunkula, die kleine Feldkirche des heiligen Franz, eingebaut steht in die Riesenkirche, die um sie erwuchs, so stehen die kleinen Kapellen unserer Ahnen eingebaut in dem großen Dom Deutschland. Nicht in ein politisches Reich, dessen Grenzen auf der Landkarte heute so und morgen so gedruckt werden, über dem Namen und Kurse aufgehen wie an der Börsentafel, über das sich die Segnungen der Kultur mit Schienen, Drähten, Motoren wie ein Heuschreckenschwarm stürzen, in dem es überall knackt und prasselt von tausend zerbrochenen Töpfen – nein, nicht in dieses Reich. Das feste Haus Deutschland und das kleine Heiligtum darin, in das wir flüchten, liegt nicht im allzu Irdischen, wenn es auch im Irdischen liegt. Es liegt in uns allen, die wir heute uns als Deutsche fühlen, und wenn wir in ihm in seiner Stille geborgen sind, fühlen wir uns als Kinder, die sich hilfesuchend und schon geborgen an die Knie und in die Arme wissender, verstehender, gütiger Großer schmiegen.

BEI DER KARTOFFEL

Als Kind pflegte ich mir Sir Francis Drake in einem Hofkostüm und mit Locken vorzustellen, wie Shakespeare auf dem Stahlstich, aber an Bord einer Karavelle, so hoch wie die Santa Maria des Kolumbus, und in der Rechten, wie dieser, ein riesiges Fernrohr. In der Linken aber mit einem Blumentopf aus versilbertem englischen Steingut, mit einem grünen blaßblau blühenden Pflänzchen drin und einem weißen Schild am Stöckchen, auf dem in schönster Schrift stand: »Kartoffel« (Solanum tuberosum).
Ganz frei bin ich von diesem historischen Gemälde heute noch nicht, obgleich ich mittlerweile weiß, daß nicht Sir Francis dies segensreiche Gewächs als Andenken an Amerika mitbrachte, sondern sein Vetter Hawkins. Ein Gentleman, dessen praktischer Sinn es sehr bald erkannte, daß Kontinente zu entdecken und hohe Politik zu treiben, keinen Sinn hätte ohne gewisse reale

Grundlagen, weshalb er beides anderen Verwandten und Standesgenossen überließ und lieber in schwarzem Elfenbein machte, das er freibleibend zu Tagespreisen an alle Häfen beider Kontinente lieferte, was damals mindestens so lukrativ war wie heute prima Speisefett. Denn ein forscher Mohr auf dem Bock und ein ganz kleines Mohrchen zum Schokoladeservieren gehörte noch zu einem herrschaftlichen europäischen Haushalt, als der Handel mit Negern hier schon sehr ins Hintertreffen geraten war, teils der steigenden Zivilisation wegen, teils weil an der Börse von Amsterdam die Tulpenaktien so viel besser standen. Nur in Amerika blühte noch das Geschäft, das Herr Hawkins auf so eine solide Grundlage gestellt hatte. Emsig, wie er als Geschäftsmann war, und ein Mann von Welt und Bildung überhaupt, hatte er aber auch einen guten Blick für andere Geschäftszweige, und so erkannte er den Wert des knollenfrüchtigen Nachtschattengewächses und brachte einen Sack davon nach Europa und vertrieb ihn mit Geschick. Und wenn die Tränen und der Jammer der Schwarzen ihn einmal verklagen, dann wird Mr. Hawkins um der Kartoffel willen viel vergeben werden.

Denn wir in Europa können uns gar nicht mehr denken, wie es sich ohne sie lebte. Damals, als es keinen Engroshandel gab, der die Lebensmittel von den Häfen, von den Erzeugerplätzen durch Kanäle übers ganze Land führte, als jede Kleinstadt gerade das zu essen hatte, was auf ihren Äckern wuchs, muß ein Notstandsjahr so entsetzlich gewesen sein, wie wir es heute kaum ausdenken können. Was für Ersatzbrot da gebacken wurde, wenn das Korn verzehrt war und die

Erbsen verfault, welche Kämpfe um das letzte bißchen verstockte Saatgut gekämpft wurden von den Allernächsten, das ist begraben und vergessen. Aber wir wollen uns mal klar machen, daß noch die Zeit nach dem Dreißigjährigen Krieg keine Kartoffel kannte. Was das heißt, ahnen wir heute, wo sich die Gedanken aller deutschen Hausfrauen um die Frage drehen: bekomme ich Winterkartoffeln? Wo Arm und Reich, Süd- und Norddeutscher auf einmal schaudernd das Gesicht des apokalyptischen Reiters sieht, vor dessen Schreckensanblick sie alle ein Wall schützt – nicht Erz, nicht Stein, ein ganz unheroischer Wall aus Kartoffeln. Denn sie, die oft verlachten, sogar verachteten, sind jetzt in ihrem Wert erkannt und stehen da neben dem Brot – nicht so edel wie dies, nicht von der Göttlichkeit des Erstlings der Erde umstrahlt, aber seine nützliche, brave, allen hilfsbereite Schwester, die Magd der Menschheit, die beste Gabe, die wir dem Land auf der anderen Seite der Welt verdanken.

Sie hat sich bei uns herausgemacht, diese treue Seele. Als sie herüberkam, man weiß nicht recht woher, sie hatte ihren Geburtsschein nicht bei sich, analphabetisch wie diese Indianerin war, da war sie klein von Gestalt und braun. Und als sie 1738 zuerst in Preußen angebaut wurde auf dringenden königlichen Befehl, da stieß sie auf gar keine Gegenliebe, höchstens bei den Schweinen, die mit beifälligem Grunzen diese Bereicherung ihres Menüs quittierten. Aber der große König ließ nicht locker, und seine Untertanen mußten die Kartoffel anbauen und wurden belehrt, was man damit anfangen könnte.

Ärmere Gegenden aßen denn auch schon zu Ende des

achtzehnten Jahrhunderts früh, mittags und spät Kartoffeln, aber Getreidegegenden wie wir rümpften die Nase darüber und nicht zu Unrecht, denn die kleine schorfige »Zigeunerkartoffel«, die noch unsere Großeltern aßen, war zwar mehlig und schmackhaft, aber der Geruch, den sie beim Kochen verbreitete, war alles andere als appetitanregend, und man brauchte kein Mäkelhans zu sein, um mit Überwindung an das Schälen dieser Pellkartoffeln zu gehen. Außerdem sagte man ihr, wie allen neuen Gerichten, alle möglichen Greulichkeiten nach: den Kartoffelbauch und die krummen Beine sollte sie auf dem Gewissen haben, nachteilig auf den Verstand wirken (wogegen Meerrettich und Mostrich halfen, deren Genuß ihn stärkte) item im ganzen ein unbekömmlicher Notbehelf sein. Die Gelehrten konstatierten zudem, daß sie eigentlich keinen Nährwert hätte und hauptsächlich aus Wasser bestände.

Aber da wir in Deutschland seit zehn Jahren nicht das Mindestmaß der Kalorien genießen, von denen ich gelernt habe, daß sie unerläßlich für den Kulturmenschen sind, und da trotzdem von uns noch einige sechzig Millionen leben und sich sogar vermehren, so ist mindestens mein Glauben an diese Theorie wankend geworden. Und was die Kartoffel angeht, auch bei anderen. Sonst könnte nicht alles so danach streben, sie zu erreichen. Wieviel Klugheit, Voraussicht, Geduld in dieser Jagd nach der Kartoffel die deutsche Hausfrau (die doch zur Hauptsache nur von ihr lebt, denn das Brot bekommen Mann und Kinder) entwickelt, das spricht auch dagegen, daß sie auf den Verstand wirkt. Und wieviel Opfer ihr dargebracht werden, das meldet kein Lied, kein Heldenbuch. Aber viele alte Andenken sind hingegeben für ihren Besitz, echte Perserbrücken sind vor ihrem Einzug ausgebreitet, und nur die Steinkohle und ihr Ersatz, das Brikett, sind noch an ähnliche Huldigungen gewöhnt bei ihrem Einzug in den Keller. Früher war es eine große Frage: Wie soll sie sein? Ein Haushalt schwor auf blanke, einer auf rote, einer gar auf blaue Kartoffeln. Ostdeutschland konnte sie nicht mehlig genug haben, und Berlin und der Westen liebten die wässerigen. Noch im Krieg erklärten westdeutsche Bezirke die Kartoffelnahrung ihrer dankbaren ostpreußischen Patenstädte schaudernd für ungenießbar – es waren unsere besten, mehligsten masurischen Kartoffeln! Thüringen baute goldgelbe Nierenkartoffeln an, herrlich zu Salaten, die sommerfrischelnde Norddeutsche mit ängstlicher Vorsicht genossen, weil sie ihnen »giftig« aussahen. Wir sagten Kartoffeln und der Österreicher sagte Erdäpfel und der Nürnberger gar sagte Potaten. Aber essen taten wir sie alle mit Begeisterung, wenn wir auch gern uns vornehm gebärdeten und für gewöhnlich uns anstellten, als läge uns gar nicht viel an ihr. Bis der Krieg uns diese, wie andere Nahrungsheucheleien, ganz abgewöhnte, und was sich davon wieder vorwagte, verwehte im Herbst 1923 vor dem Wind, der über uns schnaubte. Nun stehen wir da und bilden eigentlich nur zwei Gruppen, diejenigen, die schon Kartoffeln haben und die, die keine haben. Und ich hoffe, daß wir alle bald nur eine bilden, nämlich die *mit* Kartoffeln; dann wollen wir uns bei den Händen fassen und dankbar das Lied anstimmen, das der »Wandsbecker Bote« vor 100 Jahren sang, damals, als es auch nach Kriegs- und Notzeiten knapp herging im deutschen Bürgerhaus, jenes Lied, aus dessen niederdeutscher

Drolligkeit ein Ton der Dankbarkeit klingt, den wir wieder verstehen:

»Schön rötlich die Kartoffeln sind
Und weiß wie Alabaster.
Sie däun sich lieblich und geschwind,
Und sind für Mann und Weib und Kind
Ein rechtes Magenpflaster!«

UNSER PLATTDEUTSCH

»Un wie ek nu si uter Fremde jekome,
Wo se rede – ek weet nich wat –
Min Muddersproak häbb ek hier wedder vernome,
Unst lewet, vertrulichet Platt.

Da käme de Trane mi jliek in de Oge,
Wat sull mi jenn fremdet Jebrus;
In min Heimatdärp si ek terrigg jetoge,
Up pladdietsch käm alles ant Hart mi jefloge –
Nu wußd ek: *hier si ek* tohus!«

E. von Olfers-Batocki

Es ist ein schöner Wiesengrund mit den dunklen Erlen am Bach, mit Fohlen und Jungvieh in der Koppel. Es ist ein großes Gehöft oben am Hang, mit einem Storchnest auf dem Giebel, mit Apfel- und Kirschbäumen im Garten. Es ist eine alte Frau mit jungen Blauaugen, die in der Tür steht, einen Strauß altmodischer bunter Blumen in der festen Hand.

Sie führt uns in ihr Haus, sie zeigt den uralten Hausrat, Spind und Kasten, Himmelbett und Wiege, Wocken und Webstuhl. Sie erzählt in wunderschönen uraltertümlichen Wendungen, reich und bunt von dem Schmuck zahlloser Beiwörter, die Geschichte dieses Hausrats. Da ist vieles, was sie auf dem Planwagen mitbrachte, als sie, jung und blond, vom Niederrhein herkam. Vieles ist hier den alten Stücken nachgearbeitet, ähnlich in der Form, aber doch ein wenig abweichend, wie es das hiesige Holz ergab. Da ist allerlei Geschenktes: von der fränkischen Nachbarin Gegebenes, von dem preußischen Hörigen, auf dessen Flur sie zuerst wohnte, sogar kleine Dankgaben von dem polnischen Winterbettler, von dem litauischen Kahnschiffer. Alles ist zusammengewachsen wie die Wabenzellen im Bienenstock. Ein bißchen ärmlich, ein bißchen veraltet scheint alles, so wohlbehütet es auch ist. Nur hier und da erfreuen ein paar ganz neue Stücke, die Alte lächelt, ein heller Schein geht verjüngend über ihr Gesicht. »Meine Kinder besinnen sich auf mich«, sagt sie leise. Der Wiesengrund ist unsere Heimat Ostpreußen. Und die alte Frau ist unsere Sprache, unser heimatliches Platt, das wir aufs Altenteil setzten und vergaßen. Deren wir uns schämten in den Jahren, als wir von der neuen Bildung trunken waren.

Bis eine andere Zeit kam, und die Besten unter uns sich besannen. Bis wir mit Beschämung sahen, wie die Schwestern unserer Altchen an der Weser, an der Elbe, in Mecklenburg von ihren Kindern geachtet und geliebt wurden. Es wird uns schwer, zu ihr zurückzufinden; eine lange Entfremdung ist zwischen uns und die Großchen gekommen. Wir stammeln ungeschickt, wenn wir uns mit ihr unterhalten, wir schrieben ihr so selten, daß sie das Lesen und Schreiben fast vergessen hat. Aber sie ist nicht von Menschenart wie wir; für sie, die Halbgöttliche, sind ein paar hundert Jahre wie ein paar Stunden, und sie weiß den Teich, in dem sie sich jung baden kann. Aber nur wir, ihre Kinder, können sie an sein Ufer führen.

Wer lehrt seine Kinder bei uns, ein fehlerfreies, lebendiges Plattdeutsch zu sprechen? Viele Jahre hörte man es nur, wenn jemand es irgendwie bei einer Polterabendaufführung vorbrachte – immer übertrieben und immer falsch. Denn das Platt ist keine kanzleihaft zurechtgedrechselte Beamtensprache wie das Hochdeutsch, es ist etwas Lebendiges, nach eigenen Gesetzen wie Baum und Tier Gewachsenes.

Wir haben keinen Fritz Reuter, keinen Brinckman, keinen Klaus Groth, keinen Stavenhagen; wenn wir plattdeutsch lesen wollten, mußten wir zu ihren Büchern greifen (und lasen begeistert und gerührt, westdeutsches Platt mit ostpreußischer Betonung!). Unser einzig schönes »Annke von Tharau« (das jeder Ostpreuße mit *allen* Versen kennen müßte!) sangen wir auf Hochdeutsch. Und ansonst besaßen wir von plattdeutscher Dichtung den Reichermann.

Jetzt wird es anders, langsam, langsam; gerade in zwölfter Stunde besinnen wir uns. Es gibt schon eine kleine, ganz kleine Schar auch bei uns, die wieder plattdeutsche Verse schreibt. Die sie aufführt, ist eine Frau Erminia von Olfers-Batocki. Schon 1910 gab sie ein wunderhübsches Bändchen heraus, betitelt: »1/2 Schock alter ostpreußischer Volkslieder«. Es ging ihnen wie der Sammlung »Spinnstubenlieder« des im Krieg gefallenen Rektors Dr. Roese – ein paar lasen und kauften diese Bücher mit Rührung und Begeisterung.

Das große Publikum ging an ihnen vorüber, und sie wurden nicht wieder aufgelegt. Wir waren damals zu eifrig mit dem Komfort der Neuzeit beschäftigt und hatten darüber jeden Geschmack an Feldblumensträußen verloren.

Ich kann aus eigener Erfahrung nur sagen, daß der Erwerb dieser beiden Bändchen eine gut verzinsliche Kapitalanlage bedeutet. Jeder zweite Feiertag der hohen Feste schließt mit ihrer gemeinsamen Lektüre bei uns ab. Aber beiden fehlt zum Bedauern meines Haushalts ein plattdeutscher Teil. Denn es leben noch plattdeutsche Lieder, derbe und feine, bei uns. Vielleicht liest die fleißige Sammlerin auch diese Ähren und läßt uns alle daran teilhaben. Und vielleicht erhalten wir Ostpreußen bald einmal ein Bändchen kleiner plattdeutscher Gedichte ostpreußischer Dichter. Wie gut es klingt, was sich alles darin sagen läßt, verrät schon das kleine Gedicht am Anfang. Gerade alles, was Heimat, was *Gemüt* ist im besten, unsentimentalen Sinn, all das sagt das Platt, so wie es das Hochdeutsch nie kann. Und darum stehe hier zum Schluß noch ein Vers der Dichterin (in dem besonders drei Zeilen, die vom Kinderland, von einer wunderbaren Farbigkeit sind, der Liedhaftigkeit, die echte Lyrik immer in sich trägt), die das ausdrücken, was für den Deutschen unseres Stammes »Tohus« meint:

Wat is »tohus«? – *Min Mudderland.*
Jehott von Muddersch weeke Hand
Sinn wi in't Land jebore.
Wat is tohus? *Min Voderland,*
Errunge von Vodersch harte Hand
Jew wi dat nich verlore.

Wat is tohus? *Min Kinderland,*
Barft Footke mangke witte Sand,
De Händ voll Ros' un Ahre.
Mudderland – Voderland – Kinderland! –
Wer to em stait met Hart un Hand,
Dem ward et Gott bewahre!

Nun sagt selber, meine Leser, ist unser Platt nicht eine schöne Sprache? Und wert, nicht bloß drin zu albern und zu schimpfen, sondern wert zu singen, zu sagen und zu schreiben?

DAS REISEWUNDER

Aus der Dunkelheit des Zimmers weht mir beim Nachhausekommen ein süßer Frühlingsduft entgegen. Ich knipse das Licht an und sieh, da steht es auf dem Tisch in dem kleinen uraltmodischen Schnapsgläschen »Andenken an Cranz« (das niemals Likör faßte, aber eine Berufsneigung zum Wackligstehen besitzt!), das Veilchensträußchen, das mein Amalienauer Patchen mir brachte. So alles erfüllend ist der Duft dieser dunkelvioletten Blütchen, so gar nicht nach dem Herbstnebel und dem Sturm draußen, daß es selbst schon wie ein Wunder ist. Aber ein wirkliches Herbstwunder ist unter den Veilchen verborgen – ein kleines Himmelschlüsselchen sieht mit goldenen Äugelchen unter ihnen hervor. Jetzt, im November, nach Allerseelen! Draußen ist es grau, und das Schreckenswort Dollar und noch andere viel schlimmere Worte von apokalyptischem Klang gehen wie Gespenster im Ne-

bel um – aber hier blüht das Frühlingskindchen, das sonst *nie* wie andere Primeln sich irrt, und blickt mich an wie Trost und Verheißung.
Das Himmelschlüsselchen und die Veilchen sind aber nicht das einzige Gute und Wunderbare an diesem Tag! Die Post bringt mir einen Brief mit einer fremden Marke, die noch nicht solch phantastische Ziffern zeigt wie die unseren, und auf dem Stempel steht Amsterdam, und es ist eine ganz richtige Einladung. Seit ich vor 42 Jahren zu meiner ersten Kindergesellschaft eingeladen wurde (wo wir nie vergessene herrliche Spiele vor einem grünen Kachelofen spielten: »Wir pflücken dem Bauer die Schoten ab« und »Der Pips ist nicht zu Hause«), hat mich keine Einladung mehr in einen solchen Taumel unruhvoller Beglücktheit versetzt wie diese. Denn im Lauf der letzten neun Jahre hatte sich in mir die ja nicht ganz irrige Meinung festgesetzt, daß sich rings um Deutschland eine sich immer mehr zuschnürende chinesische Mauer lege. Daß sich nun in dieser Mauer eine Pforte für mich auftun soll, daß ich nach Vineta komme, der Stadt, wo die Menschen in einer uns lange fremden Seelentracht herumgehn, zum Schall von Glocken, deren Klang uns nur noch ein Geistergeläut über den flutenden Wassern bedeutet – ja, ist das nicht ein Wunder? –

Nun habe ich alle Gänge hinter mir, die der Deutsche heutzutage braucht, wenn er nach Neutralia will, und müßte eigentlich meine Siebensachen in das braune Harmonikaköfferchen legen, das mich seit dreißig Jahren, als es mit mir in die Weimarer Pension zog, auf allen Reisen begleitet. Aber trotz aller Reisefreude – und ich habe Sympathie und volles Verständnis für den Danziger Meister Chodowiecki, der vor seiner Reise nach Berlin erst mit der ganzen Familie das Abendmahl nahm und beim Notar sein Testament aufsetzte –, es ist mir doch nicht ganz geheuer mit dieser Abfahrt, und ich komme mir ein bißchen wie der Mann vor, der bei der Gewittereilung, wenn die andern unter Dach und Fach kriechen, sich die Botanisiertrommel umhängt und auf in die Heide! wandert. Aber ich traue wieder auf ein Wunderchen, ein ganz kleines, nettes Privatwunder, das mir auf allen Reisen ebenso treu war wie der Tubaton des Weltgerichts, und das mir irgendwo immer noch in den richtigen Zug verhalf und meine oft recht unerwarteten Reisegefährten immer zu hilfsbereiten und freundlichen Mitmenschen machte.

»Man muß nur Zutrauen in seinen Schutzengel setzen«, sagte eine vergnügte alte Frau zu mir, mit der ich auch mal in einem Waggon zusammengesperrt saß, der unter keinen Umständen geneigt war, seinen Aufenthalt in der nervenberuhigenden Feldeinsamkeit zwischen Jüterbog und Salzwedel aufzugeben. Daran denke ich oft. Und da meiner sich oft so gut bewährt hat, und mich sogar bei »Krieg und großen Schrecken, die alle Welt bedecken« bisher immer noch, krank oder gesund, irgendwie am Bestimmungsort ablieferte, so nehme ich an, daß es Raphael, der Reisenden Begleiter, oder einer seiner Untergebenen ist. Er hat es sehr schwer mit mir gehabt, und ich wünsche auch in seinem Interesse, daß ich zu sanfteren Zeiten ins Land der Rembrandts und der Blumenzwiebeln reisen würde. Er hat mich bewahrt, als ich ohne Ahnung von der Bedeutung des weißen Schutzmannstabes, der sich langsam senkte, auf dem Platz de la Bastille mitten in anrückende Omnibusse hineinmarschierte und zu meinem Schrecken plötzlich nichts als die breiten, pustenden Köpfe der schweren Normannengäule um mich sah. Er schuppste mich und meinen Koffer eilig in den Fahrstuhl zurück, den der geburtstagsfreudige Berliner »Pottje« einzuhaken vergaß (ich weiß seitdem ganz genau, was die Einsteintheorie praktisch bedeutet!). Er bekam es sogar fertig, mich und die Meinen vor der Quarantäne zu bewahren, als ich in Siena krank wurde, zu einer Zeit, wo ganz Norditalien unter dem Alpdruck Cholera lebte, und in jedem Kranken schon einen von ihr Gezeichneten sah. Das war ein schweres Stück Arbeit für meinen Beschützer, uns vor der wochenlangen Haft bei Chlor und Schwefel zu bewahren; aber *wie* bewies er sich dabei! Erstlich ließ er mich krank werden in der Stadt, die den besten Lehrstuhl für Medizin in Norditalien hat (vielleicht, weil im Mittelalter so zahllose Deutsche, die dort studierten, wie Fliegen an der Krankheit starben, die auch ich sofort bekam). Dann schickte er mir den klügsten und nettesten alten Arzt, den man sich denken kann. Dann rührte er das Herz unserer kleinen Wirtin, in deren hohem Staatsbett mit den Häkelgardinen und dem dreistufigen Tritt zum Hineinklettern ich wie aufgebahrt lag, daß sie nicht nur die Freundlichkeit selbst war, sondern mir auch ihren alten Großvaterstuhl mit den Ohren aufs flache Dach trug, in dem ich dann da aufs behaglichste in der blauen Frühsommerluft druselte. Wenn ich die Augen aufmachte, sah ich »Manica«, den Turm, der das Wahrzeichen der alten Toskanastadt ist, schlank und weiß wie eine Lilie in der himmlischen Bläue stehen. Und auf dem Platz unter mir, vor dem

Laden des Flickschusters, wuchs der einzige Strauch dort, ein ganz runder Rosenstrauch, über und über mit bunten Blüten besät, von der Schusterfamilie und der Nachbarschaft mit In-die-Hand-Klatschen und entzückten Ausrufen stündlich aufs neue gefeiert. Und eines Tages stand ein schlanker zwölfjähriger Junge vor mir, mit einem freundlichen Lachen auf dem offenen, hübschen Gesicht, und überreichte mit einer Rede, deren elegante Anmut und frohe Natürlichkeit schon allein beglückte, mir einen riesengroßen Strauß, für den die Schusterfamilie beinahe den ganzen Strauch geplündert hatte, »um der kranken Deutschen ein bißchen Freude zu machen«. Es ist nicht schön, in fremdem Land krank zu liegen; aber in diesem Augenblick war ich beinahe anderer Meinung, und der Rosenstrauß – es waren leuchtend karminrote, kreisrunde, kamelienartige Rosen, wie auf mittelalterlichen Marienbildern, mit tiefgrünem blanken Laub, das nach Birken roch – war mir alle Museen Sienas und die Türme Gimignanos wert, die ich um ihn verloren hatte.
Ja, das war ein rechtes Wunder. Und darum will ich dem Schutzengel trauen, der mir dieses und so viel anderes unterwegs beschert hat, und will mit seiner Hilfe und mit Fahrkarte und Auslandspaß (sowie einer Thermosflasche und einem Brot, gebürtig aus Kalgen) mich morgen auf den Weg machen nach Amsterdam. Meiner lieben Vaterstadt wünsche ich, bis Raphael mich wieder zu ihr geleitet, daß sie bewahrt das Feuer und das Licht, damit ihr ja kein Schade geschicht.

IN AMSTERDAM

A*msterdam* – es ist wahrhaftig Amsterdam um mich, unter dem schweren, sich in Rieselregen auflösenden Nebelhimmel. Nicht Königsberg, nicht der Kneiphof meiner Kinderjahre, wie ich einen Augenblick dachte, als ich den bunten langen Obstkahn unten unter der Brücke vorkriechen sah und die Möwen so um die schmalen Giebel an der Uferstraße flatterten. Nein, es ist Amsterdam.

Die Giebel, die schmalen Fronten zeigen nur dieselbe Kontur, dieselbe sinngemäße Gliederung des für eine Familie, eine Firma bestimmten Hauses wie unsere alten Häuser aus jener Zeit, als der Handel blühte an Nordsee- und Ostseewaterkant. Sie zeigen aber nicht den grauen Bewurf wie unsere Fronten, sondern die dunkel, rot oder schwarz geölte Backsteinfassade, die den sahnegelben Anstrich der Tür- und Fensterumrahmung und der Giebelverzierung zu bester Wirkung bringt. Vor jeder der dunkelgrünen Mitteltüren ist ein schmaler Steinvolm mit prachtvollen alten Eisengeländern. Eine erstaunliche Höhe des Handwerks spricht aus diesen Simsen, diesen Eisenstäben, diesen Türfüllungen. Ein paar Neubauten, Speicher und Kontore, zeigen auch hier das Versagen der neuen Zeit; aber eine gewisse traditionelle Achtung vor dem Wert des Materials, ein Bemühen, sachlich zu bleiben, lassen sie sympathischer erscheinen als es sonst der Fall wäre, zumal Raum und Überlieferung auch das Neue hier ganz anders in den Rahmen des Bestehenden gliedern als bei uns.

Wassermanns Stadt. Immer wieder muß ich's denken in

dieser Stadt, in der nur eine einzige kleine Straße im Kern der Altstadt auf festem Boden steht. Alles andere steht auf Pfahlrost, zwischen den Halbkreisen der Kanäle, die sich in immer weiterem Bogen um die alten Handelsviertel schlingen. Für die Möwen, wenn sie oben kreisen, muß Amsterdam aussehen wie ein großer blitzender Perlmutterfächer mit dunkler Malerei, der auf einem grünen Tuch liegt.

Watergraatsmeer heißt der Vorort draußen im Südosten, wo ich bei lieben Gastfreunden untergekommen bin. Hier spülte einmal die Zuidersee. Jetzt gehen hohe Deiche und alte Lindenalleen rund um die Wiesen, aus denen immer neue Straßen wachsen – schrecklich eintönige Straßen mit ganz gleichförmigen Einfamilienhäusern aus grauroten Backsteinen, von denen eine Großstadttrostlosigkeit ausgeht, die das Herz zusammenschnürt. Die Wiesen, in die sie führen, sind von schnurgeraden Gräben durchzogen, deren Steigen und Glucksen den Pulsschlag der Zuidersee bis in die Häuser trägt. Eisenbahnzüge jagen oben über den Damm, endlos wie eine Prozession. Wie eine Prozession ziehen die Leichenzüge tagsüber durch die Mittelallee, den Kirchhöfen zu. Mit altmodischen Trauerkutschen, auf denen hinten der Diener steht, mit einem Baldachinwagen für den Sarg und einem langen Trauergefolge betreßter schwarzer Klagemänner mit würdigen Lakaiengesichtern, mit Mauchen an den Händen, den Regenschirm unterm Arm. Der Anführer dieses Gefühlsersatzkorps trägt einen federbesetzten schwarzen Dreispitz. Ich kenne ihn und seine Getreuen schon ganz genau von Angesicht zu Angesicht, denn der Autobus, der den Vorort mit Amsterdam verbindet, trägt die würdigen Herren in die Welt zurück und heißt deshalb im Volksmund Krähenfalle – denn »Krähen« ist der Spitzname dieser Braven, die im »Bils« so heiter sind wie Leute, die für diesmal noch einem Unheil entgangen sind. Was man versteht, wenn man einmal einen dieser Kirchhöfe sah, zu denen sie täglich pilgern müssen. Es gibt nichts Fürchterlicheres, Trostloseres (jedenfalls für einen Deutschen) als so einen holländischen Kirchhof hier in den eingedeichten Wiesen.

Im Gegensatz dazu versteht man in Holland augenscheinlich, sich das Leben ganz angenehm zu gestalten. Selbst in dem Köln der Vorkriegsjahre sah ich nicht so viele Delikateßgeschäfte; üppig und verlockend wie Magdalenen breiten sie ihre rosigen Reize aus. Und mit stiller Verwunderung sieht der Deutsche, daß es noch allerlei Dinge in der Welt gibt, von denen er annahm, daß auch sie 1914 versanken. Überall in diesen Läden kann man Liebesgabenpakete nach Deutschland schikken. Es gibt feste Preise mit festem Inhaltsschema für diese Päckchen. Alles ist vorzüglich und wohlfeil – solange man es nicht in Billionen umrechnet.

Das treuherzige Niederländisch, hoch und platt, mit christlichem und jüdischem Akzent, gurgelt um meine Ohren. Es geht mir wie jedem Deutschen – verführt von dem vertrauten Klang, denkt man zuerst an Stammverwandtschaft und bekommt Waterkantsgefühle: »Hamburg, Lübeck, Bremen« – aber immer mehr mit jeder Stunde, jedem Schritt, jedem Blick wird einem klarer, daß es eine Täuschung ist. Es ist ein *fremdes* Land, fremd in *jedem* Ausdruck, jedem Gefühl, in Lachen und Weinen, in jeder Lebensform. Einmal, vor langer Zeit, ging dies Volk und unser Volk denselben

Weg. Aber das ist lange her. In den Museen, die immer ein gutes Barometer dafür abgeben, sind außer den Holländern nur Franzosen vertreten, hin und wieder ein Engländer – kein Deutscher. Den furchtbaren und großen Weg, den Titanenweg seines Schicksals vom Dreißigjährigen Krieg bis zum heutigen Tag ist Deutschland allein gegangen. Hier hat man nichts mehr davon gewußt. Mynheer liebte sein Leben, hatte seine großen Maler und seine großen Admirale, spielte um die Welt mit England, wurde reich und reicher, und sah auf unser Schicksal wie Noah aus dem Archenfenster auf die empörten Wogen. Und tat und tut seine milde Hand auf, um an diesen (ihm im Grunde sicher recht unbegreiflichen) Leuten die sieben Werke der Barmherzigkeit zu üben.

ABSCHIED VON AMSTERDAM

Mein letzter Tag in Amsterdam! Qualmender Nebel, milchweiß von einem ersten Frosthauch, liegt über dem stillen Gartenhof des alten Grachthauses, in dem ich jetzt wohne. Die grünbemosten Ulmen an der Gracht, die buntbemalten Steuerruder der langen Boote tauchen blank aus dem weißen Dunst, als ich am Ufer auf den schmalen braunen Backsteinfliesen entlang wandere und mich noch einmal an den schönen Gittern, an den geschweiften Giebeln mit den sahnegelben Fruchtkränzen, den hellen Kranhaken, an dem blanken Messingwerk der dunkelgrünen Türen freue. Und noch einmal von Autos und Radlern fast umgefegt

werde, denn der phlegmatische Holländer ist ein ebenso eifriger Radler wie der Süddeutsche und bevorzugt dabei und beim Steuern seiner kurzen kleinen Autos Tempi, die dem Deutschen Entsetzen einflößen. Er kennt keine Hindernisse, nimmt die kürzesten Kurven, die steilsten Brückenbogen, die schärfsten Ecken und achtet menschliches Leben geringer als Teerpaudel. Nur die musterhafte Regelung des Straßenverkehrs, die nach dem Grundsatz Abrahams verfährt: gehst du zur Rechten, so gehe ich zur Linken – eine Einteilung, über die die freundlichen Schutzleute peinlich wachen – verhütet zuviele Unfälle. Aber eine nervöse Angst sitzt dem Deutschen während der ersten Tage prickelnd im Genick, bis er sicher unter Dach und Fach ist, zumal keine Gracht – und fast jede Straße ist Gracht – irgendwo eingezäunt ist, und der von seiner Obrigkeit kindergartenhaft behütete Mitteleuropäer ständig das Gefühl hat, beim Betrachten einer Sehenswürdigkeit bei Moorkönigs zu enden.
Ein schwacher, perlmutterner Sonnenstrahl strahlt frühlingshaft durch den Morgennebel. Der alte Turm am Münzplatz mit seiner seltenen silbriggrünen Patina schimmert wie bereift. Die blumenkohlgroßen Chrysanthemen, die zwischen Tannen, Tuja und Efeupflanzen auf dem Blumenmarkt am Singel, dem ehemaligen Wallgraben der Altstadt, stehen, leuchten schneeweiß und zitronengelb aus dem dunklen Grün. Autos jagen, Radler klirren vorbei, der Apfel- und Apfelsinenduft der Obstwagen steigt in die scharfe Luft; die dunkelblauen und braunen Tramwagen mit den darüberschwebenden großen Nummern ziehen unaufhörlich wie an einer Kette gezogen über den Platz.

Tauben gurren oben an den Dächern, große, schöne, halbzahme Seemöwen kreisen dicht überm Wasser, und aus den engen Straßen quellen die Menschen wie Wasser aus einem Rohr. Ein Teil strömt über die Brücke am Rokin nach dem alten Teil, wo die Universität liegt. Einer nach Osten, dem Rembrandtplatz zu. Die Frauen, mit Päckchen und hübschen Handtäschchen, tauchen in die schmale Kalverstraat. Da fahren keine Wagen, und man hat das Gefühl, auf einem modernisierten Jahrmarkt hinzupilgern. Ein eleganter Laden neben dem andern lockt mit den schönsten Auslagen bis in die käfigschmalen Seitengäßchen hinein, in denen sogenannte »Deutsche« (in Ostpreußen sagte man früher »Siebenbrüder« zu diesen fahrenden Musikanten) eine fürchterliche Musik vollführen, die aber bei den holländischen Zuhörern ungeteilten Beifall (auch in Kupfer) findet. Ein paar der Nebensträßchen, ebenfalls von Läden und Auslagen schimmernd, führen Kalverstraat noch mehr Verkehr zu. Eine einzige große Straße, der Speu, kreuzt ihn mit Wagenverkehr. Sonst ist alles Promenade, ist festlichster *vanity fair,* der großstädtische Eleganz und Lebhaftigkeit mit Kleinstadtgemütlichkeit verbindet. Eine Fülle von Teestuben – von der eleganten, mit verlockendsten Torten und Mayonnaisen im Fenster, bis zum einfachen Milchsalon, wo man sein mitgebrachtes Butterbrot verzehrt – ist überall zwischen den Läden verstreut. All diesen Lunchrooms (wie sie sich nach englischem Muster nennen) ist gemeinsam: ihre Beliebtheit, ihre Alkoholfreiheit, die vorzügliche Qualität ihrer Waren und – die feste Preistafel (denk es, o Deutschland!). Mitten in Kalverstraat liegen zwei winzige Gäßchen:

man sieht hinein und sieht Jahrhunderte zurück. Eins mit Torbogen, Kirchenfenster und Türmchen, zierlich wie von einem Memlingschen Bild, ist der Eingang zum Beghinenhof, die Tür des andern mit dem bunten Fries der rotschwarzgekleideten Kinder, dem Stadtwappen Amsterdams, dem frommen Spruch, ist die – jetzt geschlossene – Pforte zu dem berühmten Waisenhaus. Die kleine Kirche im Beghinenhof, unter dessen alten Bäumen und Puppengiebelchen tiefster Altfrauchenfriede herrscht, gehört jetzt der englischen Gemeinde. Aber in dem Kapellchen, das wie alle alten (sehr zahlreichen) römischen Kirchen der Stadt zwischen den andern Häusern eingebaut ist, duftet der Weihrauch, schwankt eine rotglühende Ampel neben der andern vor dem lichterfunkelnden Altar mit dem alten Beghinenbild. Eine tiefe Stille lagert über den Betenden, eine sanfte Ruhe, die auch noch um die Sandsteinstatue des Heilandes auf dem Hof weht, der auf sein Herz deutet. Ein uraltes Weibchen gleitet zwischen zwei Nonnen mit wehenden Flügelhauben vogelleise zur Kapelle. Ebenso tief, aber irgendwie nüchterner ist der Frieden in dem hübschen Hof des Waisenhauses. Liebermann und andere haben ihn gemalt, und es ist für den Deutschen, der mit ihren Bildern vertraut ist und zuletzt noch hier Therese Schwartzes Bilder aus dem Leben der Waisenhausmädchen gesehen hatte, doch eine Enttäuschung, wenn er entdeckt, daß »die Meisjes« nicht mehr halb schwarz, halb rot (in den Stadtfarben) gekleidet gehen, sondern in modernster Backfischkleidung. Irgendwie hätte das konservative Holland, wenn auch nicht im Schnitt, doch in der Farbe der alten Tracht treu bleiben sollen, zumindest das Häubchen behalten sollen. Einzig zwei alte Damen, die Pflegerin der Kinder in dem altfränkisch gemütlichen Krankensaal und die Uralte, die in der Brotkammer das schneeweiße Weizenbrot und den schwarzen Pumpernickel schneidet, tragen noch die Tracht, die sie anlegten, als sie als kleine Kinder hier einzogen. An ihnen und dem Führer, der mir die Anstalt zeigt, merke ich neben der sichern Würde, die alle alten Holländer so vornehm erscheinen läßt, ebenso selbstverständlich den tiefen Stolz auf ihr Waisenhaus. Im Regentenzimmer, das mit den uralten Möbeln, den großen Bildern der Gründer und Leiter fast religiös eindrucksvoll wirkt, hängen die Andenken an Speyk, den berühmten Zögling des Waisenhauses, der sich mit seinem Schiff in die Luft sprengte. An seinem Grabmal in der Neuen Kirche liegen die Kränze mit den schwarzroten Schleifen des Hauses, wo heute noch alle seine Geschwister sind.

WIEDER DAHEIM

Draußen liegt der Schnee auf dem Laubendach wie ein Federbett, jeder Pfahl im Pregel hat eine weiße Pelzmütze auf, jedes Fenstersims der alten Häuser ist weiß unterstrichen und alle Bäume sind voll Rauhreif – nun frage ich einen Menschen: wo von der Maas bis an die Memel kann es jetzt schöner sein?
Ich habe es gut gehabt an der Amstel, ich habe mich vollgesogen mit Sehenswürdigkeiten und prima pasteurisierter Buttermilch, die man dort Karnemelk nennt – aber wenn man jeden Tag vor Heimweh beinah todchen

geht, ist es doch erhebend, schon vorm Augenaufmachen morgens zu fühlen: alles ringsum auf Meilen ist Heimat. Es ist wie als Kind, wenn man sich graute und Mutters Schürzenzipfel übers Gesicht zog. Und wenn mir jetzt die Fremde einfällt – selten genug in der Feiertagsfreude der zwölf Nächte –, dann sind lebende und gemalte Mijnheers und Mevrouws, rote Backsteinhäuser und stille Grachten, kleine Jungs in Holzschuhen und alte Frauchen mit Kapotthüten auf den weißen Flügelhauben, durch die das Goldblech der Scheitelkappen glänzt, ebenso unwirklich wie die Traumbilder der letzten Nacht. Nur dreierlei ist immer gleich wirklich: das erste ist mein Landsmann *Rudi Hammer,* wie er im Reichsmuseum vor der »Judenbraut« steht, Andacht, Freude und Spannung im altmeisterlichen Gesicht, Palette, Stock und Pinsel in den Malerhänden, sich hin und herwendend, prüfend und vergleichend zwischen dem Rembrandtbild und der eigenen Leinwand, bis langsam das Bild noch einmal wird, wiedergeboren aus lebenslanger Liebe, inbrünstiger Arbeit und Versenkung.

Das andere sind die *Blumenschaufenster,* klein gegen unsere und viel einfacher in der Aufmachung, vorbildlich aber im Gebotenen, von dem die Auswahl nur sehr gering ist. Meist beherrscht eine Blume den Laden (alle Läden). Zuletzt waren es kleine, überreich blühende Begonien von reinstem Rosa. Seltsamerweise fehlte das um diese Zeit bei uns überall vertretene Alpenveilchen fast ganz; Maiglöckchen, einst unser größter Ausfuhrartikel in der Adventszeit selbst nach diesem Land, waren nirgends zu sehen. Viele Schnittrosen waren da, alle in der von Amerika her modern gewordenen Form, möglichst lange Stiele, wenig Dornen, glattes Laub, die Blüte klein, möglichst lang, schlank und spitz. Zu uns Deutschen spricht diese elegante Form, die kaum noch etwas von der Lieblichkeit und Fülle der Stammform hat, gar nicht. Sie ist so seelenlos und leer, wie man es bei einer Rose kaum vermutet. Aber unvergeßlich sind die Orchideenblüten, die im Vordergrund der Fenster in den wunderschönen edlen, ganz unaufdringlichen holländischen Ziergläsern stehen (oft zwischen den putzigen Zimmerteppichbeeten, die etwas von botanischen Aquarien haben). Diese Orchideen sind von einer Schönheit, die etwas ganz Unirdisches hat. Ihre Farben, die vom kühlen Lavendelblau bis zum tiefsten Amaranthsammet spielen, von einem glitzernden Weiß, dem man nur Schneekristalle vergleichen kann, einem Gelb, das an Schmetterlingsflügel erinnert, bis zu einem tiefen Purpurbraun – diese Farben allein erfüllen mich noch in der Erinnerung mit einem süßen Rausch. Ihre Formen, phantastisch wie Tiefseetiere, groß ausgebreitet, königlich, von der Fülle und Üppigkeit einer Glocksinienglocke, von der Zartheit einer Salpiglossis, oder an hauchfeine Zweige gereiht wie ein Schwarm getupfter Falter, diese Formen waren mir immer wieder ein neues Wunder. Eine Bitterkeit aber war dabei: all diese Blumenherrlichkeit stammt nur aus belgischen Treibereien.

Das dritte, das mir für immer als Erinnerung blieb, das für mich das Bild der Bilder wurde, ist *Paul Potters Stier* im Haager Mauritshaus. Ich sah es als allerletztes dort, klappernd vor Fieber, bis auf die Haut durchweicht von dem dichten Rieselregen, Reisemüdigkeit in allen Gliedern, und eigentlich nur eingestellt auf Rembrandts spät entdeckten »Saul und David«. Aber selbst diese Purpurvision verblich, ihr sanfter Harfenton verklang vor dem Eindruck, den Potters Bild mir machte, und den ich nie nach seinen anderen Bildern (trotz aller Bewunderung für sein Können) erwartet hatte. Es ist *das Hohelied der Niederung*, von einem Niederdeutschen gesungen für die Hirtenvölker der Waterkant. Da ist das Dorf der Ebene, hinter Linden und Ulmen unter der aufsteigenden Gewitterwand. Da sind die grünen Weiden mit der ruhenden Herde darin. Der Hügel mit dem Baum, Krautbestände mit Lattich und Kamille. Der alte Hirt ist da, schlau, derb und tüchtig, der Widder mit den klugen Augen, das sanfte Mutterschaf mit seinem flockigen Lämmchen, die große blonde, von Nützlichkeit, Gebären und Wiederkäuen stumpfgewordene Musche. Und zwischen ihnen, unter der wirbelnden Lerche in der hellen Luft steht der braunbunte Stier, klein und forsch, schnaubend vor Lust und Kraft, ganz ahnungslos, ach so rührend, so jungenhaft nett in seinem Selbstvertrauen. Und man denkt wie der heilige Franz: O du mein Bruder Stier, meine Schwester Wiese, meine Freundin Weide, meine, unsere Mutter Niederung!

Ja, und nun schläft die Niederung, die auf der Landkarte von der Nordsee bis zum Haff so beruhigend hellgrün und freundlich aussieht, unter ihrer dicken Schneedecke. Allen Erwartungen zum Trotz sah sie nun doch aus wie auf Weihnachtspostkarten und tut bei uns so, als ob sie die Absicht hat, noch recht lang unter ihrem Zudeck zu liegen. Es scheint, daß die Nervenberuhigung ihres Kindes beim Anblick der Rentenmark auf sie zurückgewirkt hat. Das Wort »Steuer« hat ja noch keinen gefreut und hört sich, auf Mark und Pfennig berechnet, greulich anschaulich an. Aber mit manchen Dingen ist es wie mit dem sonntäglichen Durchgehauenwerden der Kinder, das der preußische Hausvater früher zwischen Uhraufziehen und Kirchgang vornahm – erstlich gewöhnt man sich daran, zweitens stärkt es die Autorität, drittens gehört's zur Ordnung und viertens sieht man zuletzt selbst ein, daß es nötig ist und lernt die hohe Kunst, die sieben Wochentage daraufhin pränumerando zu genießen.

Mit dem letzten Teil der Betrachtungen fingen meine Mitbürger, dank ihrer reinen Vernunft, zuerst an. Teekonfekt und Marzipan waren »gesucht« wie vor einem Jahr Industrieaktien, und selbst Plouda war diesem Massenerwachen reellerer Heimatgefühle zuzeiten nicht ganz gewachsen. Haselnüsse gab's schon am 22. nirgends mehr – hoch soll er leben, der bunte Teller! Als Silvester kam, da wagte sich männiglich auf die allzu glatten Straßen, in deren Schneewällen man so weich versinkt, und wo der Schloßberg zwischen 12 und 1 Uhr in der Silvesternacht so schwierig zu ersteigen ist, wenn Punsch und Nebel die Gebirgsfernsicht verdüstern. Es pfiff und trillerte, es heulte mit Sirenen, es blinkte mit Raketen, es schunkelte Arm in Arm und schrie ins Glockengedröhn seine Wünsche – ganz und gar nicht beleidigend oder selbst den Antialkoholiker zur Entrüstung reizend, sondern aus gutem, altem, niederdeutschem Lebensbehagen heraus, das seinen Ausdruck fand im Kölschen Karneval so gut wie in unserem Schimmelreiten und Schlorrchenschmeißen. Nach zehn langen Jahren klang durch das Silvestertreiben wieder der Frohsinn einer bürgerlich stabilen Welt.

Nun kommen die heiligen drei Könige mit ihrem Stern über den Schnee gewandelt, sehr hungrig an Leib und Seele und voll Verlangen anzubeten.
Wir wollen hinter ihnen über den weißen Schnee wandeln, dem Stern nach, der so unbeirrt durch Schnee und Frostnebel über dem Hüttendach steht.
Und wenn der Greise, der Weise und der Mohr ihre Gaben dargebracht haben, wollen auch wir unsere vorholen – einen kleinen Kupferpfennig. Kein Gold, kein Silber, nicht einmal ein Nickel – ein braver ehrlicher Pfennig ist es. Und das Bild darauf ist kein Wappen, keine Krone, kein stolzer Adler – eine Garbe ist es. Wir wollen den Blanken auf das Heu und Stroh der Krippe legen, in der Er liegt, der uns gelehrt hat, zu beten um unser täglich Brot.

ÜBER BÜCHER

Auf meinem Weihnachtstisch lag zwischen buntem Teller und gestrickten Handschuhen, schön übergrünt von Mistel- und Tannenzweigen in der Cadiner Vase, von dem duftenden und tropfenden Wachsstock feierlich beleuchtet – *ein* Buch! Es lag da in einsamer Größe und blieb so, wenn auch rings um seinen geistigen Wert das Ungeistige anwuchs, Nadelkissen, Merkbogen, Taschenkalender, Kakaopäckchen das weiße Tischtuch bedeckten. Es war und blieb allein.
Nun gab es Zeiten – sie sind erst ganz kurz vergangen –, wo es der Ruhm jeder Weihnachts-, jeder Geburtstagsbescherung war, daß auf dem Gabentisch ein ganzer

Stapel Bücher prangte. Vom Reclambändchen, das eine liebevolle Widmung, ein selbstverfertigter Einband aus Kleisterpapier, ein paar eingeklebte Liebhaberaufnahmen festlich hergerichtet hatten, bis zum gediegenen Prachtwerk (im guten Sinne) gehörten Bücher nun mal zum Selbstverständlichsten, was der deutsche Bürger (nicht zu verwechseln mit dem Bourgeois) sich schenkte. Da nun meine Verwandtschaft und Bekanntschaft durchaus auf Lesen eingestellt ist und zumindest bei mir ein gewisses Interesse für Gedrucktes voraussetzt, war ich über diese geistige Weihnachtsernte doch erstaunt. Ich ging hin und interviewte jeden, den ich traf, genau wie im Flügelkleide: was hast du zu Weihnachten bekommen? Es war wie ein Gang durch die Messehallen: Lederartikel, Textilwaren, Seifen und Parfümerien, hauswirtschaftliche Geräte und Musikinstrumente – Bücher fehlten, es sei denn für alt. Gegengabe einer Kleinrentnerstante für Mittagstisch! (Eine Ausnahme fand ich; aber dieses ist auch sonst der Familie weißer Rabe.)

Nun waren das alles Menschen, deren Väter und Großväter in den schwierigsten Zeiten, die Deutschland durchlebt hat, in ihren Häusern jene heilige Flamme hüteten, die deutsche Bildung heißt. Wenn es möglich ist, daß Solche aufhören, Bücher zu kaufen – *wer* wird das dann noch in Deutschland tun?

(Um dem Einwand vorzubeugen, daß ich aus Geschäftsinteresse rede, will ich hier nur bemerken, daß ein mir nicht unbekannter Verlag schon vor hundert Jahren die deutschen Klassiker zu einer durchaus idealistischen Tätigkeit erzog!)

Nun aber ernsthaft: Kauft wieder Bücher. Ich ging vor

kurzem durch zwei Internate. Auf dem kleinen Bücherbrett über der Kommode, das früher von Büchern überquoll, lag nur das allernotwendigste an Lehrbüchern – sonst nichts. Die Inselbücher, die Reclambändchen, die Teubnerschen, die Voigtländerschen Quellenbücher, alle fehlten. Aber Courts-Mahler »Die Heilige und ihr Narr« und mehrere Kristallflaschen mit scheußlichen Modeparfüms (die wirklich nur für Frauen erfunden sind, die von Natur zum Stinktier gehören), ja, das fand sich dort vor.
Gewiß, die Bücher sind teurer geworden. Aber, glaubt mir, sie halten lange! Und wir kaufen ja für unsere Füße Schuhe zum Gehen, für unseren Magen etwas zum Verdauen – warum wollen wir unseren Kopf in den Ruhestand versetzen? Es scheint, daß wir hier anfangen zu sparen. Ich will in einer Zeitung nicht über die reden, die ihren Wirtschaftsetat damit zu heben meinten, daß sie ad 1 die Zeitung abbestellten, immer in der sicheren Hoffnung, daß der Treppenflurnachbar ja noch die »Allgemeine« hielte (wegen der Annoncen). Worin dank dem Gesetz der Harmonie sich viele verrechnet haben. Nein, ich will von denen reden, die ruhig seit Jahren noch Bücher kaufen konnten für sich und ihre Kinder und die es nicht taten, die auch an diesem Weihnachten, als sie wieder festes Geld und Zeit hatten, ihre Einkäufe zu überlegen, nicht einen kleinen Teil davon nahmen, um *geistiges* Brot zu kaufen.
Es gibt, glaubt mir, es gibt gute billige Bücher. Den Roman lest ihr wirklich am besten in einer Leihbibliothek (auch da gibt es gute, wo gründlich Gebildete euch beraten). Da ist der hier schon zweimal erwähnte Reclam, da sind die anderen guten Volksausgaben, da sind

die vorzüglichen historischen Bücher, vom Schaffsteinbändchen bis zum Memoirenwerk der großen Verlagsanstalten. Liebe Landsleute, wer einmal als Kind *wirkliche* Geschichte las, Briefe, Tagebücher, Berichte, der ist lebenslänglich gefeit gegen jenen grauenvollsten Bastard, den wir in Deutschland in die Welt setzten: die *romanhafte* Geschichte, gegen die der alte historische Roman von der Mühltante bis zu Dahn eine literarische Erquickung bedeutet. Dieses scheußliche Machwerk hätte nie entstehen, nie gelesen, geliebt und bewundert werden können, wenn der Durchschnittsdeutsche von jung auf selbständig an der Hand solcher guten Quellenbücher selbst Geschichtskenntnis erworben hätte, gelernt hätte, Wahrheit zu suchen, Einsicht und geschichtliche Menschenkenntnis.

VOM SPINNRAD

Es ging ein Jäger jagen, wohl in dem jrünen Holz.« – Wir sangen so laut und so hoch, wie wir bloß konnten, Lina und ich, mit einem so deutlichen G, wie der Herr Prediger es nicht schöner sagte, wenn er im Kindergottesdienst vom »Herrn Gesum« erzählte. Wir sangen, daß die messingnen Einmachkessel auf dem Herdmantel ins Wackeln kamen und Mohrchen leise winselnd aus seinem Nachmittagsschläfchen hinterm Torfkasten aufschrak. Alle acht Verse unseres Lieblingsliedes, Kehrreim und letzten Vers doppelt. Zu schön sang es sich heute, wo Lina das Spinnrad vorgeholt hatte. Ihr blaubunter Rock rauschte, die gestärkte

Schürze knatterte, wenn ihr weiß bestrumpfter Fuß in dem hübschen Tilsiter Schuh hin und her wippte. Unablässig, elfenhaft geschickt glitten ihre kräftigen rötlichen Hände hin und her, drehten den glänzenden Faden aus dem silbrigen Flachs, die helle Wintersonne schien auf ihren gesenkten Kopf, auf den blanken, braunen Scheitel, das schwere Nest der dunklen Zöpfe über dem kräftigen bräunlichen Nacken. Petersilie und Schnittlauch standen frühlingsgrün auf dem Fensterbrett, das Feuer im Herd knisterte, und unablässig sauste und surrte das Spinnrad, lief der schöne Faden, nach dem ich immer wieder griff, um immer wieder ganz leicht einen Klaps auf die unnützen Kinderpfoten zu bekommen, während Drehen und Treten, Singen und Surren weitergingen.

Ich habe nie ein Märchen lesen können von spinnenden Feen oder Waldweiblein, ohne daß sie noch heute ins Blonde verwandelte Linas werden. Und es ist anzunehmen, daß die Gestalt des blühenden jungen Landmädchens dem Urbild dieser Spinnerinnen sehr viel mehr entsprach als die von illustrierten Märchenbüchern geforderte Vorstellung, daß Fabelwesen aller Art, ob Engel oder Fee oder Nixe immer mondscheinbleich und zwirnfadendünn sein müssen wie Kirchhofsgespenster.

So hat Frau Holde nie ausgesehen, die mächtige Wanderin, die in den heiligen Zwölfnächten, von dem Seelchenschwarm der Kleinsten umflattert, auf dem Land die Wolken nachsieht und mit ihren starken Händen der faulen Spinnerin den klunkrigen Flachs verwirrt. So sah sie nicht aus, die heilige Gertrud, unter deren Haube die blauen Augen der alten Himmelsherrin uns anblicken, wenn sie die Spindel beiseite legt und dem eben Verstorbenen den letzten Trunk, den eiseskühlen, zur langen Wanderung reicht. Schön, stattlich, prangend in Gesundheit und Kraft, dachten sich unsere Vorfahren diese Gestalten. Lieblich und blühend, so wie Schwind sie noch malte, die treue stumme Schwester, die im Eichbaum sitzt und die Hemdchen für die Rabenbrüder spinnt, dachten sich noch unsere Großeltern die fleißigen Spindeldreherinnen der Märchen. Zu diesen Sagen und Märchengestalten gehört die Spindel. Wir kennen sie heute nicht mehr, höchstens von Bildern aus den Mittelmeerländern. Als die Buchdruckerkunst ihren Siegeszug antrat durch die Völker des Nordens, da folgte ihr ganz still das Spinnrad.

Eine kleine Weile, als wir Deutsche, benebelt von den Segnungen der Zivilisation, uns in Bewunderung des kunstfertigen Molochs Maschine gar nicht genug tun konnten, schien es, als wäre auch das Spinnrad zum alten Eisen geworfen. Aber es wird anders. Es gibt schon wieder »Töchter gebildeter Stände«, die stolz darauf sind, daß sie spinnen können, gut spinnen können. Und ich habe in der letzten Zeit hier in meiner alten Stadt, wo zwischen Stiefelkönigen und Wirtschaftsläden, Apfelsinenverkäufern, Schuhsenkelhändlern und Fischfrauen der Verkehr am buntesten und lautesten flutet, schon öfters wieder Landfrauchen mit nagelneuen Spinnrädern gesehen. So hübsch, so sauber gearbeitet, schienen sie mir nicht mehr wie einst Linas wunderhübscher Wocken. Der stammte noch von einem der Heiligenbeiler Drechsler, deren Kunstfertigkeit heute kaum noch dem Namen nach bekannt ist. Ich habe noch ein hübsches, altes Schachspiel so eines

Drechslers, und ich kenne noch *eine* Familie, die von dem letzten alten Meister dort die einzig hübschen »Becher« bezog, die aus hellem Kadickholz waren und immer die gleiche Anzahl zierlichsten Zwergengeräts enthielten.

Es stehen noch auf verschiedenen Böden in Stadt und Land – und man konnte ihnen auch noch bei den Verkäufen der Mittelstandshilfe begegnen – kleine, puppige Spinnräder aus der Butzenscheibenzeit, gräuliche, engbrüstige Erzeugnisse in Nacht versunkener mitteldeutscher Fabriken, die sie mit sinnlosen »Erkerumbauten« zu den »altdeutschen« Stuben lieferten. Sie sahen aus wie polierte Unbrauchbarkeiten und hatten immer einen Wuschel schmutzigen Flachses auf dem wackeligen Haupt, den ein verblichenes Band, das verdächtig nach alter Haarschleife aussah, noch viel trübseliger und verwahrloster erscheinen ließ. Niemand spann je an diesem Wocken, man konnte ihnen das auch gar nicht zumuten, sie nahmen es schon übel, wenn man nur fest auf dem künstlichen Erker auftrat. Ich kenne eine einzige, der es gelang, so einen Kunstwokken zur Dienstbarkeit zu erziehen. Dieses Wesen würde aber aus einem Distelkopf Seide spinnen. Sie bekam es denn auch wie durch Hexerei fertig, ihrem Spinnrad Garn zu einem Dutzend Handtücher abzuringen, die, von einer geschickten Landbase gewoben, dann das Glanzstück ihrer Aussteuer bildeten, das mir viel besser gefiel als das schaurig schöne Teppichbeet aller Hochzeitsgeschenke. Aber damit streikte das nicht zur Arbeit geborene Spinnrad auch und setzte sich, mit einem alten schlesischen Wockenband geschmückt, aufs Altenteil.

Andere Gegenden, die fürs Hergebrachte mehr Ehrfurcht hegen als der in manchem zu bewegliche Ostpreuße, haben auch in diesen Dingen eine treu gehütete Überlieferung. Ich habe eine kleine Musterschau von niedersächsischen Wockenbändern, deren Reste als Lavendelsäckchen weiterleben – es sind teilweise wunderschöne Muster in schönen Farben, die die Bielefelder Fabriken, die auch die Hauben- und Kettenbänder weben, immer wieder nachliefern. Daneben gibt es dort breite, papierne von einer heiteren Scheußlichkeit, bunt und lustig und ebenfalls in fast hundertjährigen Mustern. Sie haben immer einen von Rosen und Winden eingerahmten Vers. Solch ein Wockenband, mohnrot wie der Rock einer niedersächsischen Bauerntochter, hängt in meinem Zimmer. »Meine Liebe gegen Dich bleibt unveränderlich« steht in Goldbuchstaben darauf. Für Fremde ist das ein Pfefferkuchenvers, für mich ist es so etwas wie ein Haussegen. Es ist die Erinnerung an ein gemütliches, von schönstem altem Erbhausrat überquellendes Haus in der kleinen Stadt an der Porta Westfalica, an einen frohen Ostertag, an brausenden Frühlingssturm in alten Buchen.

MENSCHENFRÜHLING

Von allen Binsenweisheiten, die dem geborenen Philister teuer sind, ist die dümmste die, daß die Jugend zu seiner Zeit besser war. Wenn er wüßte, wie schlecht seinem ergrauenden Haupt diese Aureole des Musterknaben steht, wie bedenklich ihr Schattenbild –

denn im Gegensatz zu wirklichen Aureolen wirft sie Schatten – dem Zettels gleicht, er würde sie etwas weniger gebrauchen.

Es gibt keine bessere und schlechtere Jugend. Es gibt nur bessere und schlechtere Eltern. Wobei die strengeren nicht immer die besseren sind. Obgleich sehr oft. Denn solange wir noch nicht das Abc beherrschen, befindet sich das Zentrum für pädagogische Erkenntnis nun mal in den weniger geistigen Regionen unseres Körpers. »Liebe Rut', mach mich gut« ist ein Verschen, das ganzen Generationen ostpreußischer Hemdenmätze sehr gut bekam. Und das Schmackosterrutchen, hübsch rot bebändert hinter dem Spiegel der Kinderstube, wirkte schon durch seinen Anblick beruhigend und schlafbefördernd auf unsere empörten Babutzgefühle. Ganz zu schweigen von der mythischen Erhabenheit des Vaters, den man alltags nur aus dem Schlaf gerissen, sonntags aber als sehr ehrenvollen, doch anstrengenden Spielkameraden sah, huldvoll und nach nie erkannten Gesetzen handelnd, Worte unverständlicher Weisheit redend. Im Gegensatz zu Mamas, Omamas und Tanten mit Wonneschauern begrüßt und mit einem heimlichen Seufzen der Erleichterung verabschiedet, nachdem man sich ein paar Stunden lang an Gesittetheit und Aufmerksamkeit bis zur Erschöpfung übernommen hatte.

Es scheint, daß das Ausbleiben dieser Götterbesuche oder ihre zu große Seltenheit in den Kriegsjahren unserer Jugend reichlich so schadeten wie das fehlende Spielen, Albern, Küssen und Klapsen der überhetzten, überarbeiteten, versorgten Mamas, die nicht mehr Zeit hatten – und wenn sie Zeit hatten, nicht mehr die Kraft

– auf all die hundert Dummheiten ihrer Kinder einzugehen.

Da gingen sie ihre eigenen Wege. Es sind keineswegs immer hübsche Wege. Und wenn ich durch die Straßen gehe am Tag und noch mehr abends, dann sehe ich so viele von diesen wildgelaufenen Halbwüchsigen, daß ich nachher im Theater oder Vortrag oder abends spät zu Hause gar nicht von dieser trostlosen Erinnerung fortkann. Es gibt nichts Traurigeres als unsere junge Jugend. Die verlebten, blöden Jungengesichter dieser Zigaretten qualmenden, Schlagworte näselnden Gents, die fahle Stumpfheit ihrer Begleiterinnen mit den kunstseidenen Florstrümpfen, den unechten Pelzkragen und den billigen Parfüms, die ihre körperliche und geistige Ungewaschenheit verraten – all das ist zum Weinen, auch wenn man's täglich trifft. Aber dann sage ich mir immer wieder, daß man eine Klasse *nie* nach dem Letzten auf der letzten Bank beurteilen kann. Der Durchschnitt sitzt in der Mitte. Aber das Bestimmende, für Jahre das Bild der Schule Bestimmende – das ist der Klassenerste.

Und wenn ich so weit gekommen bin in meiner Trostrede an mich selbst, dann erhalte ich auch jedesmal die Bestätigung. Da ist abends ein Vortrag. Am Seitengang, bei der Stehplatzreihe, da stehen die frischen, schlanken Jungen, rot vom Wintersport, mit den elastischen Bewegungen, dem stolz und frisch getragenen Haupt auf dem sehnigen Hals, mit dem glänzenden weichen Haar. Da stehen die Mädchen mit dem hübschen glattgestrichenen dicken Haar, im zierlichen Kleid mit den selbstgefertigten Schmucknähten. Funkelnd klare Augen, das Lächeln der Gesundheit, Anteilnahme, auch Protest – alles ist da, und ich erwische beim Herausgehen noch ein Fetzchen vom Gespräch so eines Geschwisterpaares, so eines Freundesschwarms. Soviel Eifer, soviel Interesse, soviel Zuversicht »das kann ich auch« (ach, Menschen und Völker lernen durch Erfahrung, was sie nicht können). Und dann gehe ich heim durch die eisige Winternacht und suche oben am schwarzblauen Frosthimmel den großen Wagen, und wenn ich ihn sehe, das heilige Sternbild unseres Volkes, das da oben sprüht, dann schäme ich mich für meinen Kleinmut und danke dem, der die Völker lenkt, für diese hellen Augen, diese Gesichter, diese Jugend.

Soviele von ihnen müssen nun wieder hinaus in das Leben der Erwachsenen. Überall in den Straßen trifft man die roten goldgestickten Mützen der Abiturienten, überall funkeln die silbernen und goldenen, großen und kleinen Alberten auf Rockaufschlägen und Wintermantel. Ach, süßer Taumel, himmlischer Stolz, ahnungsloser Lebensdurst und damlich-seliger Bildungsstolz des Abiturienten! Es tut gut bis ins Herz, euch zu sehen. Und daß nicht bloß die Jungen, daß auch Mädchen die rote Mütze tragen, das ist für mich das Beste dabei. Nicht, weil sie Fridchen oder Lieschen so gut steht. Auch nicht, weil ich irgendwie den Bildungsfimmel des Deutschen besitze, der seine Tochter als etwas Überirdisches anstaunt (auch den Sohn!), wenn das Kind in fremden Zungen radbrakt oder gar weiß, daß *agricola* der Landmann bedeutet. Von kabbalistischen Künsten wie Mathematik und Physik zu schweigen. Bewahre. *Avoir* und *être* haben noch nie geholfen, ein Apfelgelee zu klären, und kein Lehrsatz, und hätte ihn der selige Pythagoras gefunden, vermittelt mir die Erkenntnis von den Leibes- und Seelennöten meines Nächsten. Das alles lernt man *nicht* im Schulplan, sondern außerhalb.

IM WUNDERSCHÖNEN MONAT MAI

Nach all den sausenden, triefenden, ungemütlichen Regentagen, wo man unter der Traufe des immer schwerer werdenden Schirmes aber doch mit Genugtuung spürte, wie Wind und Regen milder und wärmer wurden, strahlt nun ein richtiger Maimorgen, gläsern, blau, selig klar über meiner Heimatstadt. Und wie ich das Fenster aufmache, riecht die Luft selbst hier in der alten Stadt nach Erde, nach Blumen, nach frischem Gras.

Im Ahorn ziepst und lockt das Meisenpärchen, das Wasser glitzert im Morgensonnenschein. Aber drüben, wo sonst um diese Zeit auf dem Hofplatz neben dem roten Backsteinhaus, das einmal die Stände der Gildefischer barg, vor dem in einer Januarnacht entschwundenen Bretterzaun der alte wilde Birnbaum als allererster einen weißen Blütenschimmer zeigte, wo neben ihm seine Nachbarin, die alte Kastanie, ihre grünen Blatthändchen aus den Pelzhandschuhen wickelte – da ist nichts als grauer Staub und ein paar Stubben.

Dem Zaun trauere ich wenig nach, wenn er auch für Kinder, Hunde und Hühner hier einen stillen Spielplatz beschützte, wo sie in der brutzelnden Sonne, fern von Staub und Lärm, ein sonst im Mittelpunkt der Großstadt unbekanntes paradiesisches Dasein führten.

Aber um die beiden Bäume, die da standen – eine Erinnerung aus den Tagen, als noch nicht alles mit Schnur und Stab reguliert war –, deren Blütenpracht der Fischbrücke einen volksliedhaften Frühlingszauber gab, um diese beiden alten Freunde klage ich. Jetzt lebt nur noch der eine alte Kruschkenbaum dort, der oft gemalte, oft photographierte, hinterm Töpferstand. Ich hoffe, daß der Geist einer mißverstandenen Ordnung ihn noch lange verschonen wird. Wir sind so arm an solchen Lieblichkeiten, daß wir wirklich etwas sparsamer damit umgehen sollten. Als die alte Feuerwehr abgebrochen wurde, mußte als erste die wunderschöne Hängebirke dran glauben, die dort stand und heute noch stehen könnte und vielen vom Alltag Erdrückten zur Freude und Erbauung ihre grüngoldenen Haare im Wind schütteln.

Es ist sicher recht und nützlich, daß die Anlagen auf Königsgarten einmal gründlich in Ordnung gebracht werden. Aber wieviele alte und junge Frauen habe ich schon um den persischen Flieder jammern hören, der dort, wo jetzt nur eine verzweite einsame Gaslaterne am Denkmal Posten steht, blühte und um Allerälteste und ganz Jüngste einen allerschönsten, süßduftenden lila Wohnschirm bildete. Und die Nachrufe für die Zieräpfel vor der Universität und die alten Magnolien auf dem Rasenplatz würden gedruckt alle Zeitungen Königsbergs füllen. Leider können die vorläufig Hauptbeteiligten nicht mit einstimmen. Sie liegen hinter den Kinderwagengardinen und warten in philosophischer Ruhe ab, wie ihre grüne Kinderstube sich weiter entwickelt. Sie werden es ja auch sein, die darüber zu entscheiden haben, ob die Neugestaltung des Platzes

dann schön sein wird, im Sinne ihrer Generation. Bis dann vielleicht beim nächsten Kantjubiläum wieder die Fliederhecke kommt, weil Omamas und Enkel dann anders als Bürger in entscheidenden Fragen gewertet werden als heute.
Vorläufig muß uns »der freier werdende Blick auf das altehrwürdige Gebäude« für alle Blütenpracht entschädigen. Nun finde ich – obwohl ich für die Albertina adoptivtöchterliche Gefühle hege –, daß gelbe Backsteinziegel und Frührenaissance keine begeisternde Mischung bilden, am wenigsten in der Landschaft der Ordensburgen. Und außerdem kann eine Großtante in diesen Jahren ehrwürdig sein – aber ein Bauwerk fängt damit erst bei seinem 1000. Geburtstag an. Und grüne Wiesen schätze ich durchaus jenseits der Stadtmitte (da, wo kein Schutzmann kommt, sagte mein blumenliebender kleiner Stammneffe), in der Stadt bevorzuge ich den Ersatz der »Anlage« mit den gebesserten Wegen, über die ich mit möglichster Zeitersparnis wandeln und doch ein paar Erfrischungsblicke auf grüne Sträucher tun kann. Es heißt ja, wir sollen über dies geheiligte Rasenquadrat nicht mehr schreiten. Kann sein, kann auch nicht sein. Wer jemals in einem Landhaus wohnte, über dessen Grund früher eine Ameisenstraße führte, der weiß, daß kein Holz und kein Zement, kein Borax und kein Petroleum die pflichtbewußten Heemskes jemals von dem alten Weg abbringen. Eine Großstadt und ihre Bewohner zeigen ja verschiedene Ähnlichkeiten mit einem Ameisenstaat. Und von ästhetischen Verkehrshindernissen hat der Königsberger bisher nur eines respektiert: den geheiligten Bezirk des Schloßteichs. Es muß für die anderen Deutschen, die zu den Kanttagen

hier waren, etwas mystisch Ergreifendes gehabt haben, wenn sie am Roßgärter Markt in die Linie 6 oder gar die Linie 1 stiegen und nach längerer Fahrt sich glücklich in der Nähe des Zentralhotels befanden!

Aber wir wollen lieber von etwas Erfreulicherem reden. An der Schloßteichbrücke stehen die Blumenfrauchen mit Osterlilien und Veilchen in den übervollen Körben, unten fahren die Jungen Bootchen und oben über den knospenden Kastanien brummt der Flieger so frühlingsmäßig wie nur je ein Maikäfer durch den vergißmeinnichtblauen Himmel. Und dort, am Hang überm Wasser, blüht der Krokus. Liebe Seele, räsonniere nicht, dies ist Glücks genug für heute!

WIE IST DIE WELT SO STILLE . . .

Es ist der seltsame, zugleich süße und beizende Geruch, der an den Duft zu alter Honigwaben erinnert, der um mich ist: der Geruch von ausgedörrtem Holz, das noch die Sonnenglut des Tages ausströmt, von heißem Staub, von Harz, von Obst noch, der durch den dämmrigen Bodenraum zieht, aus dessen golden brauner Dämmerung die vorspringenden Balken tauchen, seltsam beleuchtet von den offenen Luken.

Es ist so windstill, daß nicht einmal ein Zugwind geht. Die letzten großen Wäschestücke auf den Leinen hängen ganz reglos, kalkweiß in dem Schummerlicht. Sie duften nach Luft und Sonne, als ich zwischen ihrer Kühle durchkrieche, haben nichts mehr von der schaurigen Kälte, die nasse Wäsche im Winter ausströmt. Ihre Frische weckt Kindererinnerungen an flatternde Wäsche auf einem schmalen Stadthof, an das »Schälen« im Pregel, wenn ich zwischen den Mädchen auf dem Floß kniete und ein kleines Taschentuch in dem damals noch kristallhellen Wasser schwenkte, in dem die großen Laken wie Wasserfrauen schwammen; an das jährliche große Bleichfest in Cranz, bei dem wir ebenso auf die Wirkung der Seeluft wie auf das weiche Beekwasser schworen, das nachts angefahren wurde.

Nun stehe ich an den drei Südfensterchen des Hängebodens ganz überrascht vor dem schönsten Blick, den das große Bettuch plötzlich wie ein Vorhang freigibt. Ich habe nicht das Gefühl, so hoch zu stehn über der alten Stadt. Ich habe im Gegenteil das Gefühl, tief unten zu stehn, auf dem Grund eines tiefen Wassers, sanft erhellt von einem magischen tiefblauen Licht. Und in dieser gleichmäßigen Bläue, die nicht Tag ist, aber auch nicht einmal Dämmerung, schwimmt die alte Stadt in einer unveränderten Kinderfriedlichkeit.

Nein, es ist nicht die See. Es ist kein Gespensterlicht, es ist die unendliche Süße und Bläue des heißen Maiabends, in der die alte Stadt liegt. Es ist kein Seetang mit schaurig gleitenden Armen, es sind die beiden alten riesenhohen Ahornbäume, deren leuchtend gelbgrüne Blüten wie ein strahlender Kranz dies Bild umgeben, den blanken Fluß, die grauen Häuser, das rötliche Gewirr der alten Dächer.

Fünf Kirchen ragen über die Straßen; die sechste, mit dem schönsten Turm, kann ich gerade noch sehen, wenn ich mich weit vorbiege. Dann steht vor dem helleren Westhimmel der mittelalterlich strenge Umriß der

Fachwerkspeicher an der Lastadie mit dem kühnen Schwung der Kräne, und zierlich wie eine Goldschmiedearbeit der Turm der Neuroßgärter Kirche. Ihr zunächst, auch noch auf hellerem Grund, schmal, spitz und purpurrot über der Wucht des grauen Turms und des Südgiebels steht der schlanke Schloßturm. Die aufgestoßene, winterblinde Raute läßt seinen Umriß nur dunkel erkennen, gibt erst die Südfront des Schlosses frei, deren riesenhafte Größe erst hier oben ganz erkennbar ist. Der »Pavillon«, dessen Kosten den sparsamen Soldatenkönig so verdrossen, preist in seiner klaren Schönheit und Gliederung den, der ihn so herstellte. Wie ein schmaler Schacht kommt dann die Schmiedestraße schluchtartig zu seinen Füßen. Klein und schwer mit dem kantigen Turm folgt die Burgkirche. Spielzeughaft liegt sie da, zeigt nichts von der klugen Schönheit des mächtigen Daches, läßt nicht ahnen, wie riesig ihr kühler Barockraum wirkt.
Mächtig, beherrschend, ragt die Löbenichtsche Kirche hoch auf dem Berg, von dem aus sie über ihrer Stadt, der Stadt der Mälzenbräuer, steht. Etwas Unbeirrtes, aus der Erde, dem Qualm, dem Alltag der Kleinbürgerwelt zum Himmel Verlangendes spricht aus den mächtigen graden Linien, und etwas beinah fanatisch Bürgerliches, das nichts heuchelt, was es nicht ist, aus der Schlichtheit des Turmes, der in seiner Einfachheit durch den einzigen Luxus der edlen Maße, der lichtgrünen Patina des durchbrochenen Türmchens mit der goldenen Kugel darauf wirkt. Seufzend denkt man, wie edel und ruhig der Schloßturm über dem Staffelgiebel ausgesehen haben mag, als er altväterlich und streng vor denen ragte, die durch das grüne Tor in die Langgasse

bogen und zwischen den Wolken und der schmalen Straße wandelnd, über den schmalen Giebeln dieses mächtige Bild sahen, so viel eindrucksvoller als die nadelspitze Edelgotik, an die wir uns nun ebenso wie an den Meriangiebel gewöhnt haben. Nein, es ist wirklich schade, daß keine Kinder mehr um das Denkmal auf Königsgarten spielen und mindestens dort lernen können, wie schön unser Schloßturm einmal war, welch ein Gegengewicht gegen diese andere Kirche, die von hier oben fast allzu mächtig wirkt.

Aus der tiefen Bläue des Osthimmels funkelt das goldene Lamm über dem Säulentürmchen des Sackheims, blitzt wie ein Stern der goldene Knauf an der Propsteikirche, die wie ein Stückchen Süddeutschland mit hellgrüner Kuppel über dem Lichtgrün ihrer Linden daliegt, mit dem breit ausladenden Neuen Markt wie ein Kirchplatz davor, dessen eine Seite gottlob noch die reizenden alten Häuser hat und wie ein Beispiel und Gegenbeispiel zeigt, welchen Baugeschmack die enge und arme Zeit unserer Großväter und welch schauderbaren Ungeschmack unsere von allem Raumgefühl verlassene Vorkriegszeit besaß.

Ein Heuschiff schimmert graugrün auf dem Wasser, die Buntheit der Dampfer am Münchenhof – sein in der Straße so hoch scheinender Schulgiebel mit dem Türmchen drauf kommt doch nicht gegen die alten Bauten an. Wie hoch sind ihre geschweiften Dächer, die Boden über Boden bergen und mit den Mansarden, mit kleinen Hängegärtchen, mit dunklen Schlöten, mit zackigen Dachpfannenfirsten eine Welt für sich bilden, die Welt der Katzen und der Tauben, von denen ein später Schwarm jetzt noch durch die Abendbläue geistert –

und aus der einen Bodenluke weht ein wimpelgeschmückter Stab. Denn was ist die wahre Leidenschaft des Jünglings, der hier aus dem Herzen Königsbergs stammt? Das Taubenschichern.

Klatsch, klatsch – so sanft und wiegend wie nur je ein venezianisches Gondellied kommt es durch die tiefe Stille. Die beiden Dobermannbrüder, die ihren gewohnten Abendspaziergang auf der totenstillen und leeren Fischbrücke machen, kommen ans Bollwerk gestürzt und sehen ebenso interessiert wie ich zu, wie das kleine schneeweiße Ruderboot mit seinen beiden Insassen vorbeigleitet. Geschäftsleute, noch im Straßenanzug, nicht mehr jung; aber wie sie rudern, merkt man ihnen die Freude an dem warmen Abend, an der Bewegung an; sie rudern behaglich und genießerisch. Das lange schmale Boot mit den Jungen im hellen Ruderanzug, das von der Holzbrücke her fast lautlos heranschießt, überholt sie. Und nun kommt von der anderen Seite Gesang, Plätschern und helles Gelächter, und aus dem Dunkel der Brücke taucht ein großes, schweres, schwarzes Boot, ganz voller Kinder, Jungen und Mädchen, auch ganz kleine, die eigentlich schon längst schlafen müßten. Ein großer flachsblonder Backfisch briggt. Es geht reichlich zickzack und durchaus nicht schnell. Mit all den Flachsköpfen und den bunten Schleifen und Wolljacken sieht es von hier oben aus, als ob ein Korb mit Primeln auf dem Wasser treibt.

Ganz langsam, weithin hallend, klingen die Schritte der paar Fußgänger von den Brücken. Eine Fledermaus schießt aufgeregt über den Ahornzweigen hin und her. Irgendwo weint ein kleines Kind. Im Nebenhaus flammt ein rötliches Licht auf, und ich sehe das junge

Ehepärchen am Abendbrottisch. So jung sind beide, daß es von hier aussieht wie zwei Kinder, die Papa und Mama spielen. Er packt irgendeine Leckerei aus den Papierhüllen, und ich höre bis hierher, wie die kleine Frau die Hände zusammenschlägt.

Und nun kommt sanft und langgezogen, wie die Stimme des blauen Abends selbst, der Uhrenschlag der Türme – Löbenicht und Schloß und zuletzt, am hellsten, zitternd verschwebend, der unsichtbare Dom. Bei seinem letzten Schlag beginnt der Schloßturm zu singen: »Nun ruhen alle Wälder«. Nicht mehr verschluckt von Stimmengeschwirr und Räderrollen, vom grellen Pfeifen der Dampfer, vom Geschnauf der Autos – nein, deutlich wie eine schon ein wenig zitternde klare Stimme hallt Ton um Ton durch die weiche, windstille Luft, verfängt sich geisterhaft in den Holzwänden um mich in der warmen Dämmerung, in die ich nun zurücktrete, während Türme und Giebel langsam untertauchen in die tiefe Bläue des Himmelssees.

GELBE ROSEN

Vor mir liegt ein Strauß gelber Rosen. Es sind Maréchal-Niel-Rosen, meine Lieblingsrosen, mit dem herrlichen Gelb, das alle Primeln und alle Sonne vereint, mit dem süßen Duft, der wie eine Vorahnung aller Obstdüfte ist, die der Sommer bringen wird, mit der edlen Form der Blüte, der Zartheit der gelben Blättchen, mit dem schwankenden Stiel und dem glänzenden leuchtend grünen Laub.

Als ich das erste Mal eine Maréchal-Niel-Rose erhielt, als Kind von einer freundlichen Gärtnersfrau, war ich vor Glück und Begeisterung ganz benommen. Und wie ich sie nach Hause brachte, hielt sie ihren Einzug wie eine Fürstin. Denn diese späte Tochter Frankreichs war damals bei uns noch unbekannt. Diese erste, die wir sahen, war ein lange mit Spannung erwartetes Treibhauskind, von dem wir höchstens in Zeitungen gelesen. Abgebildet kannten wir sie aus der scheusäligen Öldruckwiedergabe eines Kaulbachschen Frauenporträts, wo eine schwarzhaarige Schönheit sie im Haar trug. Dieses Bild hing in einer kleinen Konditorei auf der Königstraße, gegenüber dem reformierten Stift, in einem dusteren Zimmerchen, an dessen runden Marmortischen ich *nie* jemanden erblickte – nur Fliegen. Hinter der Marmorbank mit den haubenstockartigen Aufbauten thronte eine hoheitsvolle Verkäuferin mit Wespentaille und gebrannten Stirnlöckchen, die mir unangenehm war, und von der ich fort und auf die Schönheit mit der gelben Rose starrte, wenn ich für den zur guten Zensur (oder Zahnziehen) von den Tanten spendierten Dittchen ein Napoleonsschnittchen mit Vanillecreme erstand. So kommt es, daß Napoleonsschnittchen oder vielmehr sehr süße Vanillecreme mit Butterteig irgendwie untrennbar für mich mit gelben Rosen zusammenhängen, und mit der Erinnerung von vollkommener Kindertraumseligkeit (denn es war die Seltenheit, die dieses Schnittchen so überirdisch köstlich machte) den viel stärkeren großen seelischen Eindruck jener geschenkten Rose unterstreicht.

Sie stand in unserem schönsten Glas mitten im Wohnzimmer und ließ sich anbeten. Die alten Leute sagten, sie wäre »die schönste Teerose«, Pa sagte, sie röche wie gelbe Richards, die Mama sagte, sie wäre schöner als die (damals schon aussterbende) La France, und Tanten und Onkel kamen zum Kaffee und aßen sehr viel Raderkuchen, um das Blumenwunder zu sehen und erstaunliche gärtnerische Kenntnisse auszubreiten. Sie duftete, als sie schon welkte, aber nicht braun und glitschig wurde, sondern nur ein wenig dunkler im Gelb, fein und zierlich sich in sich selbst zusammenzog. Und noch ihre Blätter dufteten, als sie zerfiel.

Von jenem Tage an lebte irgendwo in meiner Seele der Wunsch, einmal einen großen Strauß dieser Rosen zu besitzen. Oder mindestens doch zu sehen.

Der Anblick wurde mir zuteil. Und das Leben, oder richtiger der liebe Gott, der Sonntagskindern gut ist, ließ ein freundliches Wunder geschehen. Eine schwarzhaarige Frau kam durch die Rotdornallee, als ich in Weimar in Pension war, eine Frau, vor deren unwirklich großer Schönheit noch ganz andere erschüttert standen als wir kleinen Pensionsgänse, die da in der Schlange mit unserer kleinen rothaarigen Miß zwischen 12 und 1 Uhr durch die klassische Stadt getrieben wurden, um Appetit und Bildung zu erwerben. »Oh – eine Goethin!« sagte Ljuba, die Bessarabierin, und packte begeistert meinen Ellbogen. Und die schöne Frau ging an uns vorbei mit dem stillen Lächeln, das sehr schönen Menschen eigen ist, und trug einen riesengroßen Strauß von leuchtenden gelben Rosen, deren Duft sie wie eine ambrosische Wolke umgab. Und einen Augenblick standen wir still, verklärt von dem Glück, das ganz junge, begeisterungsselige Menschen fühlen, wenn sie etwas sehr Seltenes, sehr Erlesenes sehen. Und in der Tür seines kleinen Lädchens stand unser alter Flickschuster, den Pfriem in der Hand und nickte uns still zu, als wollte er sagen: Ja, so was gibt's in Weimar!

Die wundervolle Form zerstörten Krankheit und Tod. Aber der süße Duft des Straußes vor mir weckt sie wieder, und in ihm wandelt sie wieder unter dem Triumphbogen blühender Zweige durch eine nie untergehende Maisonne. Dahinter aber stehen nicht die kleinen, hellen Häuser Weimars. Eine große Silhouette steht vor der tiefen Bläue südlichen Himmels und starrt aus leeren Augenhöhlen über die Herrlichkeit des verwildernden Parks, aus dem riesige Zypressen, grünschwarz, bis über die Marmorbrüstung der obersten Terrasse ragen. Das ist Villa d'Este, die schönste, die verfallenste der römischen Villen. Die Springbrunnen rauschen, es steigt ein Hauch von Moder aus den Efeupolstern um die schon schwärzliche ephesische Diana. Große Frösche und Schnecken liegen auf den verwachsenen Terrassengängen vor den Marmorbecken mit dem kornblumenblauen Wasser. Es tut gut, aus dem grünen Schatten heraufzusteigen in das strömende Abendlicht der Terrasse vor dem Gartensaal, in dessen spukhafter Leere die bunten Gestalten seiner Erbauer, ihrer Freunde und Diener schauerlich lebendig auf die Wand gebannt stehen.

Drinnen ist Schönheit und Tod, unter uns ist Schönheit und Vergehen. Hier oben ist Gold, Wärme und Licht. Und dann klingt ein Lachen, hell, erstickt von Glück, wie Kinder lachen, die eine schöne Überraschung bringen. Und Maria steht da, im wehenden weißen Kleid, erhitzt und atemlos unter dem großen goldgelben Florentiner, keuchend unter ihrer Last. Beide Arme trägt

sie voll Maréchal-Niel-Rosen, und halb deutsch, halb italienisch sprudelt sie hervor, wie die alten Gärtnersleute, als sie entdeckten, daß Maria sie verstünde, ihr diese fünfundvierzig frisch erblühten Rosen schenkten. (Ach, nicht bloß, weil Maria sie verstand. Es gibt auch andere, die in Italien geboren sind – sondern weil Maria genau aussah wie Schneewittchen und 18 Jahre war und so süß lachte, und weil man dort weiß, was Jugend und Lieblichkeit sind: ein Geschenk der Gnade für andere!) Und dann warf Maria die Rosenlast auf die sonnenwarme Brüstung der Balustrade, und wir knieten davor und sahen das Abendlicht in die gelben Kelche scheinen, und jeder wurde eine goldtropfende Schale, ein Gral – und dahinter wehten feierlich die Zypressenwipfel, und hinter ihrem tiefen Grün breiteten sich amethysten die Sabinischen Hügel. Maria legte Hände und Gesicht in die Rosen und lachte, und sagte: »Die nehmen wir mit. Die nehmen wir durch ganz Italien mit!« Und dann nahm sie die goldene Garbe und hielt damit ihren Einzug in Rom, so stolz wie nur je ein triumphierender Feldherr, und durch eine lange und sorgfältige Pflege schleppte sie ihre Beute wirklich durch Rom, durch die Toskana und Umbrien. Überall lebten die gelben Rosen wieder in einer großen irdenen Schale auf – immer weniger freilich – als bekämen sie eine Seele und langes Leben durch unsere Liebe.
Du schöner gelber Rosenstrauß in meiner Hand, du süßer Duft, der mein Zimmer füllt, so weit hast du mich geführt an deiner weichen Blumenhand – bis in das Land Nimmermehr.

GUMBINNEN

Eine Stadt im Frühlingsgrün, und gar diese Stadt mit den vielen blühenden Kastanien in den überbreiten hellen Straßen, mit ihrem Reichtum an Gärten und der wunderschönen Promenade um den sanftgewundenen Fluß, braucht eigentlich keine Tannenparade, keine mit Tannengrün und Flaggenbändern verzierten künstlichen Pylonen, um anzuzeigen, daß sie für ein Fest gerüstet ist. Die frohe Heiterkeit der bunten Fahnen, die sich überall im warmen Maiwind bauschen, die frohen Gesichter der vielen Menschen, die von dem gelben Bahnhof kommen, die lichten und starkfarbigen Kleider der auffallend hübschen Jugend (»wer von Gumbinnen kommt unbeweibt« . . .) bringen schon festlichste Stimmung in das hübsche Stadtbild. Von dem ein Teil, nicht nur Fremder, sondern Ostpreußen, nicht zugeben will, daß es hübsch ist; verblendet von dem Irrwahn, daß zu einem guten Stadtbild eine möglichst gotische Kirche, ein Schloß und allgemeine Verworrenheit, Unübersichtlichkeit, Winkligkeit des Straßenbildes gehört.

Dies ist keine gewachsene, dies ist eine konstruierte Stadt. Und man muß sagen, der Vater Ostpreußens nimmt es mit jedem Gartenstadtgründer auf. Nur mit dem Unterschied, daß sein Gumbinnen eine Fülle überraschend hübscher Straßenabschlüsse besitzt, seine Straßen dem Gelände folgen und so fern von jener fürchterlichen Langeweile der modernen Vororte sind, vor deren in die Unendlichkeit verlaufenden Alleestraßen man »O Ewigkeit, du Donnerwort!« denkt. Leider hat man diesen Straßen ihre alten Namen genommen, die sagten, wohin sie führten, und sie mit den in jeder Normalstadt üblichen versehen. Aber auch Neubauten passen sich ganz gut ein – man wünschte nur ein Mehrbetonen des ja zur neueren Ausgestaltung so geeigneten Schemas der alten Beamtenhäuser aus der Gründungszeit. Oben der spitze Giebel mit den Schlafkammern, darunter die Tür, rechts und links vom Treppenflur die behaglichen großen Wohnräume, nach dem Hof zu die Küche. Es ist eine vorbildliche Lösung des Bürgerhauses. Aus den 60er Jahren steht noch eine Menge hübscher Häuser in einem etwas breiteren, aber auch durchaus bürgerlichen Stil, teilweise mit Tudorzinnen und Bogenfenstern, immer (noch im Geschäftshausumbau erkennbar) mit dem Wolm unter dem grünen Baum davor. Etwas Gesichertes, Lebensfrohes, Ursolides spricht aus diesen alten Häusern.

Mein Ziel ist das alte Salzburger Hospital. Gegenüber der kleinen, spitztürmigen Salzburger Kirche liegt es, mit den alten, gestutzten Linden vor dem kleinen Holzvorbau an der Rendantenwohnung. Über die Gartenmauer sehen blühende Obstbäume. Auf den Treppenstufen des Hospitals spielen ein paar kleine Kinder zu Füßen des Großvaters, der sich da an der Seite seines Nachbarn in der glühenden Nachmittagssonne wärmt. Es sind zwei wunderschöne Patriarchenköpfe, der eine bärtig, der andere glatt rasiert. Und auch die Kleinen, deren weiche Gesichterchen das eine alte Gesicht drollig wiederholen, sind wunderhübsch und sehen so oberdeutsch aus, daß ich denke, dort vor mir über den grünenden Feldern hinter dem rötlichen zarten Grün der riesigen Pappeln am Salzburger Kirchhof müßte aus dem goldenen Dunst der Gewitterwolken, silbern gleißend im Schnee ihrer Firne, der strenge Umriß der Hohen Tauern auftauchen. Von der weißen Front des Hospitals wehen die Fahnen: die schwarz-weiße Fahne Preußens und die rot-weiße Salzburger. In diesen Farben liegt die Geschichte der Kolonie.

Was mir von drinnen entgegenschallt, ist aber koa Salzburgsch, ist unverfälschtes Niederunger Ostpreußisch, und was da im Amtszimmer steht und redet und Karten zum Festgottesdienst, zur Aufführung von »Glaube und Heimat« verlangt und hundert Anliegen hat, sind keine »kleine Leut« wie ihre Vorväter es fast alle waren, als sie zermürbt von Leiden und Wanderschaft ankamen. Das sind durchweg stattliche und größtenteils recht behäbige Menschen. Von der Wand sehen die Bilder der preußischen Könige; dominierend noch in der keineswegs sehr künstlerischen Wiedergabe (die ihm und seinem Sohn graublaue Augen verlieh), der Soldatenkönig, der Vater Ostpreußens, ohne den sie alle, wie sie da sind, nicht hier stehen würden. Es zeigt noch das nicht norddeutsche Blut: eine ungewöhnliche Lebhaftigkeit und Gewandtheit der Rede, ein sprühendes Temperament. Hin und wieder ein tiefdunkler Typus mit brünetter Haut und funkelnden Dunkelaugen – man denkt, Südtiroler zu sehen. Allen eignen sich markante Züge und schon der Jugend das in Nordostdeutschland sonst so selten ausgeprägte Profil.

In dem Stübchen mit dem Wandschränkchen, in dem die alte Frau kramt, herrscht drückende Sommerhitze. Im Kamin kocht die Abendsuppe für die beiden Bewohnerinnen und summt wie ein Heimchen. Die alte

Frau in dem tabakbraunen Rock geht hin und her, zeigt mir die Lagen Garn am Fensterhaken, die sauber gewickelte Wolle, die sie gesponnen hat. Die Spinnerinnen des Hospitals sind auf Meilen berühmt; heut ist es ihr Hauptverdienst; das alte Federnreißen betreibt heute nur noch eine einzige von ihnen. Und wie die freundliche Alte mir das Garn zeigt, ihre Blumenstecklinge, die Bilder ihrer Kinder und Enkel und ihr ganzes Leben vor mir abrollt, ein Leben beinahe übermenschlicher Mühe und Arbeit, klein vor dieser Welt und groß vor einer anderen, sehe ich in dies groß geschnittene, edle, fast mahagonibraune Gesicht unter dem schwarzen Kopftuch, aus dessen hellgrauen klaren Augen, klug, unbeirrt, freundlich und ruhig mich die Seele eines ganzen Volksstammes anblickt – eines Stammes, mit dem die Hälfte meines Wesens verwurzelt ist.

Nun liegt der Sonntag hinter uns, der Festtag mit dem brausenden Getriebe vom frühen Morgen an, mit dem Kommen der Gäste, dem Glockengeläut, dem eindrucksvollen Gottesdienst in der schlichten Kirche. Auf dem Bänkchen oben zwischen der freundlichen alten Dame im Trauerkleid und der ebenso freundlichen Lehrersfrau mit den guten braunen Augen habe ich ihn miterlebt. Von unten her schwebten die Worte des Predigers zu uns herauf. Ich konnte gerade noch den bekränzten Stab des Führenden oben an der Wand sehen. Und als allerbeste Erläuterung drüben die Insassen des Hospitals, die alten Männer und Frauen mit einem Ausdruck tiefster Gläubigkeit auf den ehrwürdigen Gesichtern, mit einem Lächeln, das etwas Verklärtes hatte, als die blonde junge Sängerin sang. – Dann kam der Weg durch die festliche Stadt, die Boote auf dem Fluß mit der lachenden Jugend. Es kam der Festzug, der riesige, wohlgelungene, mit seinen reizenden Bildern, mit der Salzburgergruppe, mit den wunderhübschen Gruppen der Innungen, die die stattlichen Fleischer auf ihren Schimmeln anführten – eine Fülle hübscher und origineller Einfälle, eine Fülle schöner und stattlicher Menschen, ein wunderschönes Bild, das viel zu schnell vorbeizog.

Nun stehen wir, meine Freundin und ich, im Morgengrauen vor der roten Regierung. Der Morgenwind weht durch die Straßen. Überall wandern die Gäste nach Hause, alle ruhig und im frohen Gespräch, ganz und gar nicht großstadthaft übernächtigt nach dem schönen Fest im Schützenhaus, wo der Schuhplattler als Überleitung zum Tanz so geschickt vorgeführt wurde, daß man merkte, auch da schlugen Heimattöne an.

Die Fahnen wehen im Morgenwind. Die schwarze Bildsäule des Vaters Ostpreußens steht klein und unscheinbar zwischen den schwarzweiß umwickelten Tannenmasten und sieht über die weite Straße. Wagen rollen aus den Torwegen, um die Besitzer abzuholen. Eine Nachtigall schlägt unten in den Weiden am Fluß, der Wind fährt durch blühende Kastanien und knospenden Flieder, eine Fahne rauscht auf, von weitem klingt noch Tanzmusik, Hufklappern, Räderrollen, ein Schwarm frischer Jünglinge wandert vorüber und nach Hause, mit schwingenden Schritten.

Und durch die Morgenstille, geisterhaft, aus einer anderen Welt, sagt eine Stimme, die ein bißchen heisere

Stimme eines alten Mannes mit rundem Gesicht überm blauen Soldatenrock: »Mir neue Söhne, euch ein mildes Vaterland!«*

DAS PFINGSTKLEID

Es gibt Dinge, die untrennbar zusammengehören: die Richtkrone zum Neubau, Spinat zum Gründonnerstagmittag, Kopfschmerzen auch beim Musterschüler zum Schulanfang nach den großen Ferien und das weiße Kleid zu Pfingsten.

Es steht nirgends geschrieben, daß man es dazu anziehen muß. Die Tradition verlangt nur Maien und höchstens Kalmus. Die Konfektion bemüht sich jährlich um die Einführung »reizender neuer Muster in Wollvoile und Frottee, sowohl in Blau wie Bleu, Fraise und Tutankamen« (was braun meint) – aber das Bunte in allen Ehren für alle anderen Tage: Pfingsten trägt man weiß. Die Schaufenster, Spiegel der Sehnsuchtswünsche, zeigen denn auch alles, was in dies Gebiet schlägt. Blusen in »Opal« und Schleierstoffe, Kittelchen und Kleidchen, Hänger und Wasserfallkleider mit Hohlsäumen, mit echten und unechten Spitzen, mit jenen sinnlosen Spitzenflickchen, die man »Motive« nennt, mit Zacken und Borten – aber alles weiß, weiß. Und Mamas und Töchter, dienstbare Geister und jene, die weder säen noch ernten, Landfrauen und blasse Stadtmädchen se-

* Agnes Miegel spielt hier auf einen Ausspruch des Soldatenkönigs Friedrich Wilhelm I. an, der auch als »Vater Ostpreußens« gilt

hen mit begehrlichen Augen auf diese weiße Ausstellung und zählen die Rentenmark und das beinah Goldgeld und überlegen, ob es nicht doch geht, etwas davon zu erstehen.
Es ist nicht Eitelkeit, es ist nicht das leere Nachbeten eines alten Brauchs, und die Klugen (und diejenigen, denen das härene Gewand in allen Lebenslagen Symbol des inneren Werts bedeutet) sollen nicht darüber lachen oder sich entrüsten. Es lebt in dieser Sehnsucht etwas viel Poetischeres, was die, die es fühlen, gar nicht gern zugeben würden.
Das weiße Kleid, dessen Hauptbedingung ist, daß es ein *neues* Kleid ist, ist ein Ausdruck primitiver Ehrfurcht für die neugewordene, die festlich geschmückte Welt, der man sich nur zu nahen wagt, selbst geschmückt mit etwas, das noch nicht mit Staub und Alltag in Berührung kam, etwas, das rein und makellos ist wie das Gewand der Konfirmandin und der Braut und des Täuflings. Wieviele Opfer werden diesem Ideal gebracht! Abgehungerte Mittagessen und abgesparte Nachtstunden, in denen gestichelt und geheftet wird und geplättet. Und dann, an dem großen Tag selber, wie friert man heldenhaft in der weißen, so sehr luftigen Tracht, wie ängstlich wird das Taschentuch auf die Holzbank gebreitet, wie hütet man sich, es mit einem Mantel zu verknittern, selbst wenn man blaugefroren mit dem unaufgeblühten Strauß selbstgepflückter Maiblumen zu dem menschenbrausenden Zug wandelt, durch den Abendnebel, der noch bittrer beißt als die dem Ostpreußen teure Frühluft. Nein, man duldet, still erhoben vom Gedanken, wie sehr man das weiße Kleid beschont. Und es ist sehr drollig und ein bißchen rüh-

rend, wie nicht nur die Großen, wie auch die kleinen Marjellchen, ja die ganz Kleinsten schon, feierlich und beglückt, mit einer richtigen Sonntagsseele in ihrem weißen Kleid herumgehen, erfüllt, wie sie es sonst nie in einem neuen Kleid sind, durchdrungen von dem Gefühl, daß dieses Kleid verpflichtet.

Und so benimmt sich denn auch die Schar der Pfingstausflügler erstaunlich gesittet. Schwarze Schafe gibt's überall, aber um's gebildet zu sagen, der Prozentsatz ist an diesem Tage erfreulich niedrig, und es ist höchstens eine Bohnenkaffeefröhlichkeit, die einem entgegensingt, und auch da eine sehr harmlose, denn das grundige Getränk in den dicken Tassen, das man unter den grünen Bäumen trinkt, hat exotische Länder nie gesehen. Und was um einen herum sitzt an den Kaffeetischen, im Grünen liegt (und wenn es hagelt, Pfingstsonntag liegt man im Grünen), das ist alles so ganz und gar Familie und so kindlich dankbar für einen freien Feiertag, daß alle, die von der Verderbtheit der Welt reden, einem wie üble Raben erscheinen. Der Familienvater sieht aus, als ahnt er nicht, was die Vokabel »Schieber« bedeutet, Mama, erlöst von der Küche, mit Reinmachen und Wäsche hinter sich (eingemottet ist auch schon und Betten sind bei der Hitze gesonnt), Mama sieht jung und sorglos aus und eigentlich hübscher als ihre Große, die neben ihrer Freundin an dem nächsten Baum lehnt (nicht hinsetzen, bloß nicht, die Schuhe haben schon Grasflecke) und sich in sanften Klagen über die Mücken ergeht. Der Junge sieht in der weißen Waschdrellbluse so himmlisch aus, daß Mama im stillen findet, Flotte sei erste Bedingung. Und die beiden Kleinen – nein, die beiden Kleinen in ihrem wei-

ßen Staat da im grünen Gras, wie Tausendschönchen, ich kann sie mit nichts anderem vergleichen als einer wohlgelungenen Postkarte.
Alles ist da, Lämmerwölkchen, Birkengrün, blonde Locken und blaue Augen und ein Sternblümchen steht darunter! Fröhliche Pfingsten.

KLEINES OSTPREUSSISCHES GLOSSAR

Alberten:	(Einzahl: der Albertus oder die Alberte) Kleine Nachbildungen des ersten Siegels der Albertus-Universität mit dem Brustbild Herzog Albrechts von Preußen. Sie wurden den ostpreußischen Abiturienten als Anstecknadel nach bestandener Reifeprüfung an den Rockaufschlag gesteckt
Buschebau:	schwarzer Mann, Buhmann, Schreckgestalt für Kinder
dingen:	handeln, bekannt in der Form »abdingen«, d. h. abhandeln, herunterhandeln des Preises
Dittchen:	Zehnpfennigstück
druseln:	im Halbschlaf sein
Gelböhrchen:	Pfifferlinge
Heemske:	Ameise
hubbern:	vor Kälte zittern
Klotzkorken:	Holzschuhe, von den Holländern eingeführt, sie wurden in Stadt und Land viel getragen
Kreppsch:	einfacher Einkaufsbeutel, meistens aus Sackleinwand
Kreet:	Schimpfwort, am ehesten mit »Biest« zu verdeutlichen
Kristorbeeren:	Stachelbeeren
Kruschken:	kleine, graue, süße Winterbirnen
Mauchen:	gestrickte Pulswärmer
Marjellchen:	Mädchen
molsch:	angefault

Paslack:	jemand, der für andere arbeiten muß und ausgenutzt wird
Purra:	kindlicher Ausdruck für Pferd
Quittschen:	rote Beeren der Ebereschen
schichern:	scheuchen
Schischken:	Tannenzapfen
Schlorrchen-schmeißen:	Schlorr = Pantoffel. Schlorrchen-schmeißen ist ein alter Silvester-Brauch, besonders gern von jungen Mädchen ausgeübt. Ein Pantoffel wird vom Fuß aus über die Schulter nach hinten geworfen; die Richtung seiner Spitze soll für die Geschehnisse im neuen Jahr von Bedeutung sein
schmackostern:	Aufwecken von Verwandten und Freunden mit fröhlichem Birkenruten-Schlagen am Morgen des zweiten Osterfeiertages
Schweine-vesper:	kleiner Imbiß, meistens mit geräuchertem Schweinefleisch, als fünfte Mahlzeit zwischen Kaffee und Abendbrot in ländlichen Gegenden
Sprock:	kleine, dürre Fichtenäste, vor allem gebraucht zum Feueranmachen
Züche (Zich):	buntgewürfelter Kissenbezug, worin man auch seine Habseligkeiten bei Stellenwechsel oder Umzug mitnahm

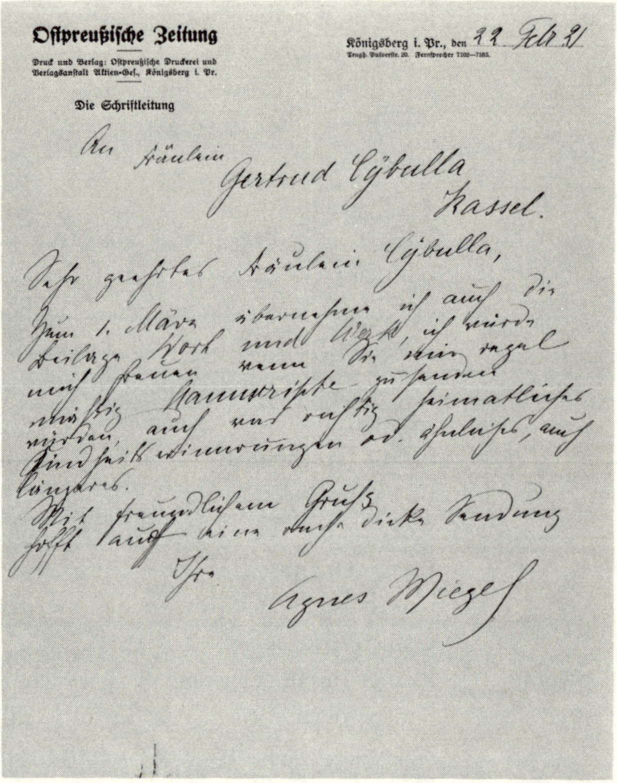

Ostpreußische Zeitung

Druck und Verlag: Ostpreußische Druckerei und Verlagsanstalt Aktien-Ges., Königsberg i. Pr.

Die Schriftleitung

Königsberg i. Pr., den 22. Febr. 21

An Fräulein
Gertrud Cybulla
Kassel.

Sehr geehrtes Fräulein Cybulla,

zum 1. März übernehme ich auch die Beilage Wort und Werk, ich würde mich freuen, wenn Sie mir regelmäßig Manuskripte zusenden würden, auch nur rechtzeitig heimatliche Kindheitserinnerungen od. Schulisches, auch [illegible].

Mit freundlichem Gruß hofft [illegible] auf eine recht dicke Sendung

Ihre
Agnes Miegel

Aus diesem Brief Agnes Miegels vom 22. Februar 1921 geht hervor, daß sie bereits ein Jahr nach Eintritt in die »Ostpreußische Zeitung« die Beilage »Wort und Werk« übernimmt

DOKUMENTATION
»SPAZIERGÄNGE EINER OSTPREUSSIN«

44 Zeitungsartikel Agnes Miegels erschienen unter der Rubrik »Spaziergänge einer Ostpreußin« in den Jahrgängen 1923 und 1924 der Königsberger »Ostpreußischen Zeitung«. Dreißig davon sind in diesem Buch abgedruckt. Die folgende Übersicht führt, in chronologischer Reihenfolge, alle 44 Artikel auf:

15. 4. 23	Schatten
22. 4. 23	Sonnabendmorgen
29. 4. 23	Am Zaun
6. 5. 23	Mailiches
13. 5. 23	Der Sprosser war's, und nicht die Nachtigall!
20. 5. 23	Das liebliche Fest
27. 5. 23	West-Östliches
3. 6. 23	Über Blumen und Sträucher
10. 6. 23	Der reinlich geglättete Schrein
17. 6. 23	Kleine Reise
24. 6. 23	St. Johann
12. 8. 23	Sommerfahrt I
19. 8. 23	Sommerfahrt II
2. 9. 23	Das alte Gut
9. 9. 23	Ver sacrum
16. 9. 23	Fort vom Alltag
23. 9. 23	Sonntagsausflug
30. 9. 23	Abseits
7. 10. 23	Ein bißchen Freude
14. 10. 23	Die Flucht zu den Großeltern
21. 10. 23	Bei der Kartoffel

28. 10. 23	Der goldene Tag*
4. 11. 23	Unser Plattdeutsch**
11. 11. 23	Das Reisewunder
2. 12. 23	In Amsterdam
9. 12. 23	Im Rijksmuseum zu Amsterdam
23. 12. 23	Abschied von Amsterdam
25. 12. 23	Abschied von Amsterdam (Schluß)
6. 1. 24	Wieder daheim
13. 1. 24	Über Bücher
20. 1. 24	Nach dem Schneefall*
27. 1. 24	Wintermondnacht
3. 2. 24	Zur Gesundheit!
10. 2. 24	Vom Spinnrad
17. 2. 24	In der Landpflegeschule Wosegau
9. 3. 24	Menschenfrühling
4. 5. 24	Im wunderschönen Monat Mai
11. 5. 24	Maisonntag
18. 5. 24	Wie ist die Welt so stille . . .
24. 5. 24	Gelbe Rosen
29. 5. 24	Gumbinnen
8. 6. 24	Das Pfingstkleid
22. 6. 24 (?)	Am sausenden Webstuhl
6. 7. 24	Abend am Stranddorf

* Veröffentlicht in Agnes Miegel »Alt-Königsberger Geschichten«, Köln 1981

** Im Original ohne Überschrift